KB075783

**횡설수설하지 않고
핵심만 말하는 법**

횡설수설하지 않고
핵심만 말하는 법

1판 1쇄 2021년 3월 9일
1판 5쇄 2022년 12월 7일

지은이 야마구치 다쿠로
옮긴이 김슬기
펴낸이 유경민 노종한
기획편집 유노북스 이현정 함초원 조혜진 **유노라이프** 박지혜 구혜진 **유노책주** 김세민 이지윤
기획마케팅 1팀 우현권 이상운 **2팀** 정세림 유현재 정혜윤 김승혜
디자인 남다희 홍진기
기획관리 차은영
펴낸곳 유노콘텐츠그룹 주식회사
법인등록번호 110111-8138128
주소 서울시 마포구 월드컵로20길 5, 4층
전화 02-323-7763 **팩스** 02-323-7764 **이메일** info@uknowbooks.com

ISBN 979-11-90826-43-3 (03190)

Original Japanese title: 9 WARI SUTETE 10 BAI TSUTAWARU "YOYAKU RYOKU"
Copyright ⓒ Takuro Yamaguchi 2020
Original Japanese edition published by Nippon Jitsugyo Publishing Co., Ltd.
Korean translation rights arranged with Nippon Jitsugyo Publishing Co., Ltd.
through The English Agency (Japan) Ltd. and Danny Hong Agency

횡설수설하지 않고

핵심만
말하는 법

야마구치 다쿠로 지음
김슬기 옮김

유노
북스

"요약력이란 도대체 무엇인가요?"
그렇게 물으신다면 이렇게 답하겠습니다.
'죽어도 이것만큼은 말해야지!' 하는 것을 찾아내는 것.

|

요약력의 차이가
인생의 차이를 만든다

요약을 잘하는 사람과 못하는 사람의 결정적인 차이는 무엇일까요? 다른 사람에게 어떤 정보를 전달할 때 말을 많이 하는 게 반드시 좋은 것은 아닙니다. 오히려 이것저것 장황하게 늘어놓을수록 핵심은 전달되지 않을 때가 많습니다. 직장에서 부하가 상사에게 업무 보고를 하는 상황을 예로 들어 보겠습니다.

전달 방식 ①

오늘은 어제 진행된 이벤트에 대한 감사의 뜻을 전하기 위해 몇몇 회사에 들렀는데, A사에 갔을 때 우연히 마에다 씨가 오셨어요. 잡담을 나누다가 저희 회사 제품에 대해 이야기를 나누게 됐습니다. 그래서 혹시 함께 일해 볼 수 없겠냐고 마에다 씨가 말씀하셨는데, 그게 웹상에서 이뤄지는 작업도 많아서…. 이 건과 관련해서 한번 시간을 내 주실 수 있을까요?

전달 방식 ②

A사의 마에다 씨가 저희 회사 제품의 판매를 돕고 싶다고 합니다. 판매 사이트의 제작뿐만 아니라 웹 미디어를 통한 프로모션도 진행해 준다고 하는데요. 마에다 씨랑 협의해 보시겠습니까?

　둘 중 어떤 방식이 더 이해하기 쉽나요? 말할 것도 없이 ②번입니다. 왜 ①번은 이해하기 어렵고 ②번은 바로 이해될까요? 바로 핵심만 말했기 때문입니다. 한 가지 더 예를 들어 봅시다. 최근에 본 영화의 줄거리를 친구에게 이야기하는 상황입니다.

전달 방식 ①

그럭저럭 머리가 좋은 주인공이 나와. 아, 얼굴이 꽤 잘생긴 친구야. 아무튼 그 주인공의 이름은 켄이치고 그런대로 열심히 일해서 훌륭한 성과를 냈어. 맞다, 그리고 주인공이 다니는 직장은 뭐랄까, 블랙 기업이라서 상사의 괴롭힘도 굉장히 심했는데, 켄이치는 열정 하나로 밀어붙이는 녀석이라서….

전달 방식 ②

부조리하게 해고를 당한 주인공이 말을 너무 잘해서 유튜버로 성공하는 감동적인 인생 역전 스토리야.

①번처럼 의식의 흐름에 따라 이야기를 늘어놓으면 듣는 사람은 흥미를 느끼기는커녕 영화의 줄거리조차 파악하기 어렵습니다. 불필요한 말이 너무 많기 때문이죠. 반면 ②번은 어떤가요? 아마 친구는 "와, 재미있을 것 같아!" 하며 관심을 보이지 않을까요? 왜 전자는 이해하기 어렵고 흥미도 이끌어 내지 못하는 걸까요? 후자는 왜 이해하기 쉽고 흥미롭게 느껴질까요? 이는 요약력의 차이입니다.

· 90퍼센트를 버리고 10배 정확하게 전달하라 ·

요약력이란 정보의 핵심을 파악하고, 때와 장소에 맞게 간결하고 논리적으로 전달하는 능력입니다. 약 2시간짜리 영화에서 얻을 수 있는 정보의 양은 방대합니다. 핵심을 정리하지 않으면 이야기는 십중팔구 지루해집니다. 반면 방대한 정보 속에서 핵심을 꺼내는 사람은 상대방의 흥미를 이끌어 냅니다. 전자는 '요약을 못하는 사람'이고, 후자는 '요약을 잘하는 사람'입니다.

요약을 잘하는 사람들에게는 공통점이 있습니다. 바로 다른 사람에게 뭔가를 전달할 때 '정보의 90퍼센트를 버린다'는 점입니다. 그들은 '이것만 이야기하면 상대방이 이해할 것'이라는 확신이 있기에 정보의 90퍼센트를 버릴 수 있습니다. 이런 자신감은 정보를 받아들이는 사람을 안심하게 합니다.

반면 하나부터 열까지 다 말하는 사람은 요약을 못하는 사람의 전형입니다. 이들은 정보가 많을수록 상대방이 이해하기 쉽다고 생각합니다. 그리고 이런 생각에는 '스스로 핵심을 파악하지 못하고 있다'는 자신감 없는 마음이 숨어 있습니다. 결여된 자신감을 채우기 위해서 필사적으로 말하고 또 말하는 것이죠.

또는 정말로 정리에 요령이 없는 경우도 있습니다. 이 원인은 대부분 요약 과정이 제대로 이뤄지지 않는 데 있습니다. 문제가 무엇이든 이 책에서 소개하는 사고방식과 노하우를 적용하면 분명 개선될 것입니다.

참고로 2시간짜리 영화를 보고도 이야깃거리가 전혀 떠오르지 않는 건 정보 수집 능력이 결여됐기 때문입니다. 핵심만 말하는 힘을 기르기 위해서는 정보를 수집하는 '인풋'에도 힘을 쏟아야 합니다.

요약력은 일의 효율과 생산성을 높입니다. 요약력은 자신의 의견을 전달할 때나 기획을 입안하거나 제안할 때, 다른 사람을 설득할 때 등 모든 비즈니스 현장에서 요구되는 능력입니다. 게다가 상대방을 이해하고 공감할 때도 요약력은 중요합니다. 상대방의 생각, 기분, 가치관, 성격 등을 파악하면서 그때그때 적절한 말을 건네는 행동이 곧 요약 과정 그 자체이기 때문입니다.

· 핵심만 말하는 3단계 요약의 기술 ·

이 책에서는 요약 과정을 3단계로 설명합니다. 이 각각의 단계를 강화하면 요약력이 눈에 띄게 단련됩니다.

1단계 정보 수집(양질의 정보를 모은다)

2단계 정보 정리(정보를 그룹으로 나눈다)

3단계 정보 전달(상대방에게 간결하게 전달한다)

요약을 못하는 사람의 뇌는 데이터가 정리되지 않은 컴퓨터의 하드 디스크와 같습니다. 아무리 좋은 데이터가 많아도 어디에 있는지 찾기 어렵죠. 반면 요약을 잘하는 사람의 뇌는 데이터가 폴더별로 잘 정리된 컴퓨터의 하드 디스크와 같습니다. 따라서 정보 하나하나에 접근하기가 쉽고 임기응변에 필요한 정보도 쉽게 꺼낼 수 있습니다.

　머릿속에 정보가 잘 정리돼 있다면 정보 간의 차이점과 공통점도 쉽게 알아챌 수 있습니다. 즉, 정보의 분석과 검증이 수월합니다. 게다가 요약된 정보들을 서로 조합하면 새로운 아이디어가 나오는 경우도 적지 않습니다. 정보를 받아들이고, 전달하고, 조합하기 쉬운 뇌를 만들어 두면 자신의 의견을 막힘없이 말할 수 있게 됩니다.

　저는 지금까지 25년 이상 잡지나 웹 미디어의 기고가로 일하면서 연예인부터 스포츠 선수, 경영가, 사업가, 주부, 학생까지 약 3,300명 이상을 취재해 왔습니다. 취재 정보를 기사로 정리하는 과정 역시 요약입니다. 정보를 취사선택해서 독자가 원하는 내용으로 편집해 전달하는 과정이죠.

　이때 요약을 잘하면 독자로부터 좋은 반응이 돌아오지만 그렇지 않으면 독자의 지지를 얻을 수 없습니다. 그러면 당연하게도 기고가로서 밥벌이를 할 수 없습니다. 이처럼 엄격한 세상에서 저는 필사적으로 요약하는 힘을 길러 왔습니다.

　제가 하고 싶은 말은 요약력이 천부적인 재능이 아니라는 것입니다. 누구든 요약의 기본 원리를 깨닫고 습관을 들이면 얼마든지 갈고닦을 수 있습니다. 저 역시 태어날 때부터 요약에 재능을 보인 것은 아닙니다. 제가 가진 요약의 기술은 다양한 기사를 쓰고 인풋과 아웃풋을 반복하면서 조금씩 체득한 후천적인 능력입니다. 이 책에서는 능력을 갈고닦을 수 있는 '요약의 기본'을 이야기하고자 합니다.

· 횡설수설한 인생에서 주체적인 인생으로 ·

만약 당신이 일을 잘하고 싶고, 유능한 사람이 돼서 인생을 바꾸고 싶다면 지금 이 순간부터 요약력을 길러야 합니다. 꼭 비즈니스 상황에서만 중요한 능력이 아닙니다. 개인적인 인간관계, SNS 글쓰기와 커뮤니케이션, 꿈의 실현, 일상에서 직면하는 크고 작은 선택까지 당신의 인생 전반에 큰 영향을 미칩니다.

현재 당신의 인생은 당신이 지금까지 받아들인 '모든 정보'를 요약한 결과입니다. 어느 학교에 갈지, 어떤 직업을 가질지, 어디에 살지, 누구와 결혼할지, 무엇에 돈을 쓰고 시간을 투자할지, 어떤 가치관을 중요하게 여길지 등 하나하나가 모두 요약이고 그것을 집대성한 것이 바로 당신의 인생입니다. 이 책을 손에 든 일도 빼놓을 수 없겠죠.

지금은 초정보화 사회입니다. 멍하니 있으면 맹렬하게 덤벼드는 정보의 소용돌이에 휩쓸려 한순간에 머릿속이 엉망진창이 됩니다. 그래서 요약력은 시대가 갈수록 점점 더 중요해지고 있습니다.

자, 이제 요약력을 갈고닦을 준비가 되셨나요? 안심하셔도 좋습니다. 이 책은 일체의 잡음 없이 당신에게 필요한 정보를 순서대로 가르쳐 줍니다. 당신이 길을 잃지 않고 핵심만 말하는 사람으로 거듭날 수 있도록 마지막까지 안내하겠습니다.

목차

• 2단계: 정보 정리 •

정보를 그룹으로 나눠라

• 3단계: 정보 전달 •

상대방에게 간결하게 전달하라

준비 단계

누구에게, 무엇을, 어떻게 전달할 것인가?

" 요약을 잘해야
살아남는 시대가 왔다 "

이 책에서 말하는 요약력의 최종 형태는 명확한 아웃풋(output)입니다. '말하기', '쓰기', '행동하기' 중에서도 특히 많이 사용되는 '말하기'로 범위를 좁혀 이야기하겠습니다.

요점 없이 횡설수설하는 것은 비즈니스 현장에서 가장 피해야 하는 행동입니다. 왜 횡설수설하면 안 될까요? 바로 상대방의 시간을 뺏기 때문입니다. 시간은 모두에게 똑같이 가치 있습니다. 시간이란 우리들의 인생 그 자체이고 '생명'으로 바꿔 말할 수 있습니다.

일을 잘하는 사람일수록 말하기 전에 상대방의 시간을 뺏지 말아야겠다는 세심한 주의를 기울입니다. 또한 이야기를 장황하게 늘어놓는 사람보다는 핵심만 명확하게 전달하는 사람이 상대방에게 좋은 인상을 줄 수 있습니다. 영업이나 프레젠테이션에서 좋은 결과를 낼 수 있는 사람도 당연히 후자일 것입니다.

요약력은 누군가와 소통할 때 시간을 아끼고 생산성을 높이는 해결책입니다. 시간 효율과 생산성을 높이려면 아웃풋의 밀도를 높여야 하기 때문입니다. 결국 이야기나 문장의 밀도를 높인다는 것인데, 이를 위한 최선의 방법이 '요약력 강화'입니다. 애초에 '요약력 강화'에는 '정보의 밀도를 높인다'는 본질이 포함돼 있습니다. 요약력이 향상할수록 당신이 전달하려는 정보의 밀도는 자연스럽게 높아집니다. 그 결과, 원하는 성과나 보수를 더 쉽게 손에 넣을 수 있습니다.

· 급변하는 시대에서 요약력은 필수 스킬 ·

요약력을 단련하면 좋은 점 또 하나 있습니다. 바로 빠르게 변하는 사회의 움직임을 쉽게 따라잡을 수 있다는 점입니다. 지금 시대는 일의 흐름도, 시장의 트렌드도 10년 전에 비해 극적으로 빨라지고 있습니다. 뿐만 아니라 상식, 가치관, 일과 삶의 방식도 굉장한 속도로 변화하고 있습니다. 비즈니스 현장만 살펴봐도 업무와 회의 시간이 점차

단축되고 있습니다. 즉, 정보를 빠르고 정확하게 요약하는 능력이 점점 더 중요해지는 것입니다.

예를 들어 회의 시간에 요약을 잘하는 사람은 참석자들의 발언에서 핵심만 척척 파악하고 받아들이면서 자신의 발언을 보충할 수 있습니다. 회의 중에 요약을 잘하면 판단하고 결정하는 속도가 빨라지기 때문에 효과적인 해결책이나 아이디어를 제안할 가능성이 높아집니다. 반면 참석자의 발언을 요약하지 못하는 사람은 제안은커녕 논의를 따라가기도 벅찹니다. 이는 당사자는 물론이고 회의 참여자 모두에게 굉장히 괴로운 상황입니다.

또한 사람과 소통할 땐 상대방의 사고방식, 의견, 바라는 점과 더불어 성격이나 감정 정보까지 순식간에 정리해야 할 순간이 있습니다. 요약을 잘할수록 상대방의 감정 정보도 빠르고 정확하게 파악합니다. 그러면 어떤 교섭과 절충도 유리하게 이끌어 갈 수 있습니다.

메일이나 채팅 같은 문자 소통도 마찬가지입니다. 빠르고 명확하게 정보를 정리하면 의사소통과 업무 효율이 높아집니다. 특히 비대면 소통이 증가한 요즘, 문자 정보를 빠르게 정리하는 능력은 그 무엇보다 중요합니다.

컴퓨터나 스마트폰으로 정보를 얻을 때도 빠른 요약력이 필요합니다. 필요한 정보를 얻는 데 3분이 걸리는 사람과 10분이 걸리는 사람은 당연히 일의 진척과 성과에서 큰 차이가 생깁니다.

　인생은 곧 '요약의 연속'입니다. 요약력은 결국 빠르게 변화하는 사회에 적응하는 최선책임을 잊지 말아야 할 것입니다.

" 횡설수설하는 사람 VS
핵심만 말하는 사람 "

두서없이 횡설수설하는 사람은 상사, 부하, 거래처, 고객 등 함께 일하는 모든 사람으로부터 신뢰를 얻지 못합니다. 단지 시간을 뺏기 때문만은 아닙니다. 핵심을 전달하지 못하는 사람은 결국 '어떤 일이든 이해하고 정리하지 못한다'고 평가받기 때문입니다. 쉽게 말하면 '일을 못하는 사람'이라는 딱지가 붙습니다. 이들은 종종 이런 평가를 받으며 상대방이 거리를 두기 쉽습니다.

'이 사람과는 일하고 싶지 않다.'
'이 사람은 정보를 줘도 소용없다.'

'이 사람 말에는 핵심이 없다.'

'이 사람과는 어울리지 않는 것이 좋다.'

딱지는 곧 '인상'입니다. 안타깝게도 한번 붙은 인상은 바꾸기 어렵습니다.

반면 핵심을 놓치지 않고 간결하고 알아듣기 쉽게 말하는 사람 곁에는 일, 사람, 정보가 모입니다. '눈치가 빠른 사람'이라는 딱지가 붙고 '일을 맡기고 싶다', '이 사람과 의논하고 싶다'고 생각하는 사람이 하나둘 찾아옵니다. 회사 입장에서는 당연히 그런 인재를 놓치지 않기 위해 승진의 기회를 줄 것입니다.

여러분이 정보를 받아들이는 입장이라면 '두서없는 정보'와 '잘 정리된 정보' 중 어느 쪽이 더 반가울까요? 두말할 필요 없이 후자입니다. '두서없는 정보'를 처리하기 위해서는 시간, 노력, 돈 등의 비용이 발생합니다. 그래서 때로는 정보를 받아들이는 것만으로도 손해입니다.

반대로 잘 정리된 정보는 처리하는 데 비용이 들지 않습니다. 오히려 일이 순조롭게 진행됩니다. 나아가 그 정보를 제삼자에게 전달할 때 다시 요약하는 시간이 많이 들지 않기 때문에 수고도 줄어듭니다. 결국 상대방에게 '잘 정리된 정보'를 전달하는 사람은 상대방에게 일의 부담을 덜어 주고 효율을 높이는 '일 잘하는 사람'입니다.

· '탁' 요약하고 '휙' 말하라 ·

　요약을 잘하는 사람은 정보를 정확하게 파악하고 상황에 따라 '무엇을', '얼마나', '어떤 순서로' 말해야 좋은지 알고 있습니다. 요약을 잘하면 이야기가 옆으로 새는 일이 거의 없습니다. 설령 그렇게 되더라도 적절한 시점에 핵심으로 돌아옵니다.

　요약을 잘하는 사람과 그렇지 않은 사람은 임기응변이 필요한 상황에서 차이가 납니다. 급작스럽게 의견을 전달해야 할 때 요약을 못하는 사람은 정보를 정리하지 못하기 때문에 말문이 막히고 일단 머리에 떠오르는 것들을 말합니다. 말하면서 머릿속을 정리할 수 있다면 그나마 다행이지만, 말할수록 자신이 무슨 말을 하고 있는지 알 수 없게 되는 사람도 있습니다. 그 결과 듣는 이에게 피로감과 실망감을 주고 때로는 화를 부릅니다. 요약을 못하면 일도, 인간관계도 굉장히 불리해지는 것입니다.

　반면 요약을 잘하는 사람은 갑자기 이야기해야 하는 상황이 와도 침착하고 냉정하게 말과 글을 전달할 수 있습니다. 불과 몇 초 사이에 머릿속에서 '탁' 하고 요약을 마칠 수 있기 때문입니다. 이들은 갑작스러운 질문에도 당황하지 않습니다.

　혹시 여러분 주위에도 있지 않나요? 어떤 질문을 해도 순식간에 핵심만 '탁' 정리하는 사람, 혹은 그 상황에 적절한 정보를 '휙' 제공하는 사람 말입니다. 그가 바로 '요약을 잘하는 사람'입니다. 이 책에서 제공하는 노하우를 실천하면 당신도 그런 사람이 될 수 있습니다.

" 죽어도 말하고 싶은
딱 한 가지가 있다면 "

"요약력이란 도대체 무엇인가요?"

그렇게 물으신다면 이렇게 답하겠습니다.

'죽어도 이것만큼은 말해야지!' 하는 것을 찾아내는 것.

'이것만큼은 말해야지!'만으로 충분할지 모르지만, 각오를 불어넣기 위해서 일부러 '죽어도'를 더했습니다. 지금 이 순간 상대방에게 죽어도 꼭 전하고 싶은 말은 무엇인가요? 그 말을 철저히 깊게 생각하는 것이 바로 요약입니다. 이 책은 죽어도 말하고 싶은 한마디를 이끌어 내는 과정을 설명하고 요약 능력을 길러 주는 책이라고 할 수 있습니다.

· 대답할 때도 요약이 필요하다 ·

"당신은 어떤 사람인가요?"

이 질문에 어떻게 대답하겠습니까? 아마 당신의 머리는 지금쯤 '나는 어떤 사람일까'를 생각하면서 빠르게 회전하고 있을 것입니다. 이 질문의 두 가지 대답을 살펴보겠습니다.

대답 ①

음, 저는 밝고, 그러니까, 즐거운 일을 좋아하고, 일도 천직이라고는 할 수 있을지 모르지만 영업 일을 열심히 하고 있어요. 대단한 취미는 아니지만 술 마시는 걸 그럭저럭 좋아하고… 가족을 소중히 여깁니다. 호기심도 다른 사람에 비해 많다고 생각하는데요. 아, 맞아, 역사만큼은 누구보다도 좋아하고 특히 전국 시대의 무장으로부터 인생의 지혜를 배운 것 같아요.

이런 식으로 머리에 떠오른 것들을 그대로 말하는 타입이라면 상대방의 흥미를 끌기는 어렵습니다. 쓸데없는 정보가 많고 횡설수설하기 때문입니다. 한마디로 요약이 전혀 돼 있지 않습니다.

요약을 잘하는 사람은 이렇게 이야기할 수 있습니다.

대답 ②

저는 목표 달성형 인간입니다. 일도 그렇고 취미나 연애, 다이어트 같은 것도 목표를 세워서 꾸준히 해 나가는 것을 좋아합니다.

들자마자 어떤 사람인지 쉽게 알 수 있습니다. 두 대답의 차이는 무엇일까요? 바로 '이것만큼은 꼭 말하겠다'는 생각의 유무입니다. ②번은 자신의 수많은 특징을 파악한 후에 다음 과정을 거쳤습니다.

'그룹으로 나누기→우선순위 정하기→꼭 말해야 할 정보 결정하기'

그 결과 "목표 달성형 인간입니다"라는 결론을 내렸습니다. 말의 양은 ①번의 절반에 못 미치지만 훨씬 강력한 인상을 남겼죠. 참고로 두 번째 문장인 "일도 그렇고 취미나 연애, 다이어트 같은 것도 목표를 세워서 꾸준히 해 나가는 것을 좋아합니다"는 "목표 달성형 인간입니다"의 다른 표현(구체화)에 불과합니다. 쓸데없거나 불필요한 이야기는 상대방에게 잡음에 불과합니다. 그렇지만 죽어도 이것만큼은 말해야겠다고 생각한 내용이 명확하다면 문장의 표현을 바꿔도 잡음처럼 느껴지지 않습니다. 오히려 상대방이 더 쉽게 이해할 수 있습니다. 결국 요약이란 '죽어도 이것만큼은 말해야겠다'는 생각으로 정리하는 행위라는 점을 반드시 명심해야 합니다.

핵심만 전달하는
3단계 요약의 기술

요약은 '정보 수집→정보 정리→정보 전달'의 단계를 거칩니다. 요약이 잘 됐는지는 이 중 마지막 단계에서 드러납니다. 요약을 잘하는 사람은 어떤 상황에서도 상대방에게 말하려는 바를 잘 전달할 수 있고, 그 덕분에 자신의 목적을 달성할 수 있습니다. 그래서 간혹 전달을 잘하고 싶은 마음에 '정보 전달' 단계에만 집중하는 경우가 있는데 이는 근본적인 해결책이 아닙니다. 왜냐하면 전달은 요약하는 과정의 일부에 불과하기 때문입니다.

지금부터 핵심만 전달하는 3단계 요약의 기술을 소개하겠습니다. 이 세 가지 단계에 우열은 없습니다. 모든 과정이 중요합니다.

· 1단계: 양질의 정보 모으기 ·

첫 번째 단계는 '정보 수집'입니다. 말에서 얻는 정보는 다양합니다. 예를 들어 다음과 같이 정보를 모을 수 있습니다.

- 잡담, 다른 사람에게 들은 이야기
- 회의나 모임에서 들은 이야기
- 현장에서 체험한 것
- 오감을 통해 느낀 것
- 연수나 세미나에서 공부한 것
- 서류나 문서, 데이터, 메일 등의 정보
- 신문이나 서적, 잡지 등의 미디어 정보
- 웹 사이트나 SNS상의 정보

또한 다양한 정보를 듣고 머릿속에 떠오른 '생각'이나 '의견'도 새로운 정보입니다. 정보를 토대로 한 '예측'이나 '가설' 역시 정보라고 할 수 있습니다. 요약과 요리는 서로 닮은 구석이 있습니다. 식재료가 없으면 요리를 할 수 없는 것처럼, 뭔가를 글로 쓰거나 말하고 싶어도 정보가 없으면 할 수 없습니다. 그렇다고 머릿속에 있는 정보와 생각을 전부 중요한 것으로 취급하면 뇌에 과부하가 걸릴 것입니다. 그래서 되는 대로 많은 정보를 쌓는 것은 오히려 독입니다. 요약을 잘하는 사람은 정보 수집 단계부터 효율적으로 정리합니다. 필요한 정보와 불필요한 정보를 노련하게 파악하고 머릿속에 남길 정보를 능숙하게 골라내는 것입니다.

· 2단계: 정보를 그룹으로 나누기 ·

두 번째 단계는 '정보 정리'입니다. 정보 수집을 끝내면 다양한 정보가 당신의 머릿속에 자리를 잡습니다. 이때부터 요약을 잘하는 사람과 그렇지 않은 사람의 차이가 여실히 드러납니다.

요약을 못하는 사람은 불필요한 물건을 버리지 않는 사람에 비유할 수 있습니다. 이들에게는 정리 정돈 개념이 없습니다. 당연하게도 바닥, 책상, 책장은 점점 물건으로 넘쳐 나고 엉망진창이 됩니다. 방이 어지러우면 물건 하나를 찾을 때도 수고가 필요합니다. 시간과 에너지만 뺏기고 못 찾는 경우도 적지 않습니다.

반면 요약을 잘하는 사람의 뇌는 잘 정리된 방과 같습니다. 물건을 바닥이나 책상에 아무렇게나 두지 않습니다. 각 정보의 필요성을 잘 판단한 후에 불필요한 것은 쓰레기통에 버리고 필요한 것은 그룹으로 나눠 정리합니다. 이때 우선순위도 매깁니다. 상대방에게 전달할 확률이 높은 정보는 문과 가까운 곳에 두고, 낮은 정보는 방 안쪽에 두는 식입니다. 이렇게 우선순위를 매기면 필요에 따라 효율적으로 정보를 꺼내 쓸 수 있습니다. '정보 정리' 단계에서는 다음 세 가지가 요구됩니다.

① 필요한 정보와 불필요한 정보를 파악한다.
② 정보를 그룹으로 나눈다.
③ 정보에 우선순위를 매긴다.

필요한 것과 필요 없는 것을 파악한 후 정보를 그룹으로 나누고 나아가 정보에 우선순위를 매기는 것. 이것이 정보 정리 단계에서 해야 할 일입니다.

· 3단계: 상대방에게 간결하게 전달하기 ·

세 번째 단계는 '정보 전달'입니다. 지금까지 저장한 정보를 흐름으로 변환하는 단계이자 요약하기의 클라이맥스입니다. 아무리 훌륭한 정보라도 쌓아 두기만 하면 아무런 가치가 없습니다. '말하기'나 '쓰기'의 형태로 바깥에 흘려보내고 누군가에게 도움이 됐을 때 비로소 가치가 생깁니다.

정보 전달 단계에서 가장 중요한 것은 '간결하게' 전달하는 것입니다. 그러기 위해서 가장 이상적으로는 정보의 90퍼센트를 버려야 합니다. 전달은 '무엇을 전달할지'만큼이나 '무엇을 전달하지 않을지'를 정하는 것도 중요합니다. 정보 전달을 못하는 사람은 하나부터 열까지 다 말하거나 순서를 생각하지 않고 횡설수설합니다. 그 결과 상대방에게 부담을 주게 되죠.

'엘리베이터 피치(elevator pitch)'를 아시나요? 엘리베이터에서 중요한 사람을 만났을 때 자신의 생각을 전달하는 말하기입니다. 시간이 매우 짧기 때문에 단 1초도 헛되게 쓸 수 없죠. 이때 하고 싶은 말의 90퍼센트를 버리면 최선의 결과를 낼 수 있습니다. 일을 하다 보면 보고나 회의, 미팅 등 불과 수십 초에서 몇 분 만에 정보를 전달해야 할 순간이 있습니다. 주어진 시간이 많든 적든 그때마다 불필요한 90퍼센트의 말을 버리고 핵심만 전달할 수 있는 사람이 요약을 잘하는 사람입니다.

사람을 끌어당기는 말에는
목적이 있다

"다음 문장을 읽고 필자의 생각을 100자로 정리하시오."

우리가 학생 시절에 자주 접했던 문제입니다. 이런 문제는 정보의 요점을 파악하는 훈련으로 효과적인 것은 분명합니다. 그러나 과연 사회에서도 도움이 될지를 묻는다면 그 대답은 '아니오'입니다. 왜냐하면 정보의 요점을 파악하는 것은 요약의 일부에 불과하기 때문입니다. 사회생활에서 필요한 요약은 전달하려는 목적과 상황에 따라 바뀌는 법입니다.

목적은 '골(goal)'입니다. 비즈니스 현장에서 '골'이란 대부분의 경우 '이상적인 결과'를 손에 넣는 것입니다. 예를 들어 기획을 제안한 상황에서의 이상적인 결과는 그 기획이 채택되는 것입니다. 열심히 기획서를 쓰고 프레젠테이션을 해도 마지막에 기획이 채택되지 않으면 거기에 투자한 시간과 노력이 물거품이 돼 버리죠. 당연히 회사도 이익을 얻지 못합니다.

그래서 기획이 채택되려면 주어진 정보를 어떻게 요약할지 사고하는 것이 중요합니다. 다행히 우리의 뇌는 목적지를 설정하면 아주 빠르게 회전하는 고성능 내비게이션 시스템이 갖춰져 있습니다.

'기획이 채택되려면 어떤 타이밍에 말해야 할까?'
'어떤 방식으로 전달하면 좋을까?'
'어떤 이점을 제시하면 좋을까?'

이것저것 생각함으로써 어떻게 요약해 나갈지 궁리하게 됩니다. 현명한 뇌는 목적지에 도착하기 위해 필요한 정보를 노련하게 수집하고 정리합니다. 그리고 때로는 필요한 것을 얻기 위해 추가적으로 행동을 유도하면서 목적지를 설정한 사람을 재촉합니다.

비즈니스 현장에서 목적이 없는 요약은 그림의 떡입니다. 그러므로 요약을 할 때는 그 목적을 명확하게 정하는 것부터 시작해야 합니다.

· 누구에게 전달할 것인가? ·

요약해서 전달할 땐 대상을 명확하게 정하는 것이 중요합니다. 예를 들어 당신이 자기소개를 할 상대가 같은 부서에 배속된 신입 직원인지, 이직한 회사의 상사인지, 거래처 담당자인지, 아마추어 축구팀에 새로 가입한 멤버인지, 최근에 막 이사를 온 이웃인지 등등에 따라 요약할 정보는 당연히 달라집니다.

저는 강연을 할 때 우선 청강자가 어떤 사람인지 확인합니다. 특정 기업의 사원인지, 어떤 단체나 조직의 구성원인지, 개인적으로 신청했는지, 학생인지, 아이들인지 등등을 보죠. 강연을 듣는 사람의 특징과 경향에 따라 이야기의 내용과 전달 방식을 재구성하고 단어 선택에 변화를 주면 훨씬 효과적으로 전달되기 때문입니다.

듣는 사람을 고려하지 않으면 어떤 말을 해도 전혀 이해할 수 없는 이야기, 재미없는 이야기가 되기 쉽습니다. 지루한 이야기는 절대 듣는 사람을 만족시킬 수 없습니다.

가령 당신이 주택 건설 업체의 영업 사원이라고 합시다. 마케팅이나 세일즈도 핵심만 말할 수 있어야 합니다. 요약을 잘하는 사람은 자사 상품의 홍보 자료를 만들 때 이 점을 숙고합니다.

'이 자료를 읽는 사람은 누구인가?'

왜냐하면 경쟁 업체가 많고 정보가 넘치는 시대일수록 불특정 다수의 흥미를 이끌어 내는 것이 굉장히 어렵기 때문입니다.

① 노후에 안심하고 지낼 수 있는 주택을 원하는 50대 부부
② 부모의 간호를 위해 2세대 주택을 고려하고 있는 40대 부부
③ 도회적인 디자인을 원하는 맞벌이, 무자녀 30대 부부
④ 단독 주택을 원하는, 5세 이하의 아이가 있는 20대 부부

①~④의 소비자들은 각각 원하는 것이 명확합니다. 이만큼 구체적으로 전달 대상을 파악하면 요약 방식도 쉽게 정할 수 있습니다. 다음은 각각의 타깃에게 반드시 말해야 할 것을 요약한 예입니다.

① 스트레스로부터 자유로운 시니어 라이프를 즐길 수 있는 장애물 없는 주택입니다.
② '배려'와 '유대'를 중시하는 2세대 주택입니다.
③ 유명 디자이너가 설계했고 도시에서의 삶을 만끽할 수 있는 주택입니다.
④ 아이들의 건강을 제일로 생각한 자연 소재 주택입니다.

이처럼 전달 대상이 명확하면 죽어도 꼭 말해야 할 것을 쉽게 결정할 수 있습니다. '꽂히는 말'이나 '마음을 움직이는 말'은 듣는 사람을 명확하게 정할 수 있을 때 만들어지는 것입니다.

하고 싶은 말 대신
듣고 싶은 말로

'그 사람의 니즈(needs)는 무엇인가?'

전달 대상을 명확히 정하는 것과 함께 고려할 점입니다. 그렇지만 막연하게 '그 사람에게 필요한 것은 무엇일까?'라고 생각하면 정확한 니즈를 파악할 수 없습니다. 머리로만 생각하면 엉뚱한 '상상'이나 '망상'이 되는 경우도 적지 않습니다.

니즈를 파악하는 가장 좋은 방법은 상대방과 이야기하는 것입니다. 상대가 상사라면 상사와 이야기하고 상대가 손님이라면 손님과 이야기합니다. 잡담도 좋습니다. 상대방과 이야기하는 과정에서 다음 항목의 답을 이끌어 내면 됩니다.

- (그 사람이) 알고 싶어 하는 것
- (그 사람이) 기뻐할 일
- (그 사람이) 고민하는 것
- (그 사람이) 곤란해하는 일
- (그 사람이) 불안하게 여기는 것
- (그 사람이) 불만을 느끼는 것
- (그 사람이) 갖고 싶어 하는 것
- (그 사람이) 과제라고 느끼는 것
- (그 사람이) 흥미나 관심을 갖는 것
- (그 사람이) 즐거워하는 것
- (그 사람이) 하고 싶어 하는 것
- (그 사람이) 달성하고 싶은 목표나 꿈
- (그 사람이) 돈을 내서라도 갖고 싶은 것

　이런 정보들이 모여야 그 사람의 니즈를 파악할 수 있는 상태가 됩니다. 니즈를 파악하는 데 서툴다면 일상적인 대화를 할 때도 의식적으로 상대방이 원하는 것을 파악하는 연습을 해 봅시다.

· 당신의 말이 지루했던 이유 ·

가령 당신이 해외여행에서 돌아와 친구에게 여행에서 겪은 이야기를 들려준다고 합시다. 당신은 '해외여행'이라는 정보를 요약해서 전달하는 입장입니다. 이때 상대방이 듣고 싶어 하는 내용을 담아서 요약할 수 있다면 상대방은 크게 기뻐할 것입니다. 하지만 그렇지 못하면 상대방은 흥미와 관심을 잃어버립니다.

우선 그 사람의 관심사를 알아야 합니다. 상대가 맛있는 음식을 좋아한다면 음식 이야기를, 역사를 좋아한다면 여행하면서 방문한 세계유산 이야기를 합니다. 경제에 관심 있는 사람이라면 그 나라의 물가나 비즈니스 트렌드 이야기를 꺼내고, 항공 서비스에 흥미가 있는 사람이라면 탑승한 항공사에 대해 이야기합니다. 이처럼 상대방이 듣고 싶은 이야기를 골라 정리할 수 있다면 합격입니다.

술을 마시지 않는 사람에게 주구장창 와인 이야기를 하거나 정치에 흥미가 없는 사람에게 그 나라의 정세를 이야기한다면 듣는 사람은 금방 지루해하고 '빨리 끝났으면 좋겠다'고 생각할 가능성이 큽니다.

타인의 니즈는 시시각각 변화합니다. 그러므로 늘 상대방의 말, 표정, 어투, 상태를 주의 깊게 관찰하고 상대방이 '지금 원하는 것'을 살펴야 합니다. 상대방에게 전달할 정보의 우선순위를 높은 것부터 적어 보면 다음과 같습니다.

① 상대방의 니즈를 충족하는 정보
② 상대방이 기뻐할 만한 정보
③ 내가 전달하고 싶은 정보

요약을 못하는 사람은 대부분 내가 전달하고 싶은 정보부터 늘어놓습니다. 따라서 당신의 이야기가 잘 전해지지 않은 것입니다.

사회인에게 요구되는 요약의 과정은 '일방향'이 아니라 '쌍방향'입니다. 혼잣말하는 게 아니라면 언제나 자신의 이야기를 듣는 상대방을 의식해야 합니다.

" 반응은 추측하는 게 아니라
이끌어 내는 것이다 "

당신은 어떤 정보를 전달할 때 상대방의 반응을 얼마나 신경 쓰나요? 더 구체적으로 말하면, 어떤 반응을 얻는 것이 가장 이상적이라고 생각하나요? 잘 전달하고 자신의 목적을 이루고 싶다면 상대방의 반응을 그저 상대방에게 맡겨 버려서는 안 됩니다. 상대방의 반응은 전달하는 사람인 당신이 결정하는 것입니다.

예를 들어 당신이 회의에서 새로운 아이디어를 제안한다고 합시다. 그때 당신은 속으로 이렇게 생각할 것입니다.

'상사나 동료가 어떤 반응을 보일까?'

그렇다면 당신은 전달에 미숙한 사람입니다. 아마 회의에서도 좋은 반응을 이끌어 내지 못할 것입니다. 왜냐하면 고성능 내비게이션 기능을 갖춘 뇌에 내린 지령이 미적지근하기 때문입니다. 회의에서 아이디어를 제안했을 때 당신이 생각하는 최고의 반응은 무엇인가요? 아마 '오, 좋은 아이디어다. 어서 구체화해 보자!' 같은 반응일 것입니다. 그렇다면 당신에게 필요한 것은 수동적인 추측이 아닙니다. '이런 반응을 반드시 이끌어 내야지!' 하고 상대방의 반응을 스스로 결정하려는 태도입니다.

· 상대방의 오케이를 부르는 방법 ·

상대방의 반응을 결정한다는 것은 다시 말해 '구체적으로 상상하는 행위'입니다. 에베레스트산 정상에 오른 자신의 모습을 상상할 수 없다면 에베레스트산에 오를 수 있을까요? 그럴 수 없을 것입니다. 에베레스트산 등정을 목표로 하는 등산가는 '등정할 수 있다면 좋겠다' 같은 미적지근한 생각을 하지 않습니다. 대신 산꼭대기에 오른 자신의 모습을 상상하면서 강한 의지를 갖고 이렇게 생각합니다.

'나는 반드시 등정한다.'

어떤 일이든 구체적으로 상상할수록 실현하기 쉽습니다. 이 논리는 이미 뇌과학적으로 증명됐습니다. 세계적인 운동선수의 대부분이 머릿속으로 운동 동작을 그려 보는 이미지 트레이닝을 한다는 사실에서도 확인할 수 있습니다.

당신이 짝사랑하는 상대에게 마음을 고백할 때도 마찬가지입니다. 마음속으로 '혹시 거절당하지 않을까' 하는 불안감을 안고 고백하는 경우와 상대가 미소를 지으며 '좋다'고 대답하는 모습을 상상하면서 고백하는 경우의 결과는 크게 달라질 수 있습니다.

뇌에는 스스로를 목적지로 이끄는 고성능 내비게이션이 장착돼 있습니다. 상대방에게 '오케이'를 받아 낸다는 목표를 설정하고 상대방에게 얻고 싶은 이상적인 반응을 상상하면 어떤 일이든 가장 좋은 결과를 쉽게 얻을 수 있을 것입니다.

요약의 최종 목표는 '잘 전달하기'입니다. 그러려면 어떤 형태로 전달할지를 생각해야 하는데, 비즈니스 현장에서 가장 자주 사용되는 전달 형태는 '말하기'입니다. 말을 할 때는 꼭 자신에게 주어진 '시간'을 고려해야 합니다.

'회의에서 나에게 주어진 발언 시간은 몇 분인가?'
'거래처와의 교섭 시간은 몇 분인가?'
'상사에게 보고하는 시간은 몇 분인가?'

자신에게 주어진 시간에 따라 요약의 양을 조정해야 합니다. 1분 정도의 시간밖에 주어지지 않았다면 '죽어도 꼭 말해야 하는 것'에 더욱 집중할 필요가 있습니다. 한편, 주어진 시간이 5분, 10분 등 비교적 긴 경우에는 '죽어도 꼭 말해야 하는 것'을 전달한 후 우선순위가 높은 순서대로 정보를 전달해 나갑니다.

· 시간이 돈이다 ·

자신에게 주어진 시간을 모르면 도중에 이야기가 끊기거나 흐지부지하게 끝나는 경우도 있습니다. 반대로 주어진 시간을 다 쓰지 않고 남기는 것 역시 비즈니스 퍼슨으로서 똑똑한 대처는 아닙니다. 시간은 곧 돈입니다. 시간을 헛되이 쓰는 것이 곧 기회 손실이라는 점을 명심해야 합니다. 자신에게 주어진 시간이 확실하지 않다면 "지금 2분 정도 통화 괜찮으신가요?", "15분 정도 시간을 내 주실 수 있나요?" 같은 질문으로 상대방에게 '얻을 수 있는 시간'을 확인하도록 합시다.

글쓰기도 마찬가지입니다. 써야 할 글이 A4용지 몇 매 분량인지, 글자 수 400자 이내인지 등의 기준을 미리 확인해 둡시다. 물론 분량이 정해져 있지 않다고 해서 이메일이나 문자를 보낼 때 하고 싶은 말을 전부 나열하는 것은 매너에 어긋나는 행동입니다. 특히 비즈니스 메일은 필요한 정보를 제공하면서 간결하게 주고받는 것이 중요하기 때문입니다. 그럼에도 불구하고 길이가 길어졌다면 미리 양해를 구한 후 별도로 작성한 문서를 첨부하는 등의 궁리가 필요합니다.

" 표정과 행동까지
요약해야 정확하다 "

"다음 문장을 읽고 요약하시오."

교과서에서 흔히 본 이 문제에서 말하는 요약은 '언어 정보'의 요약입니다. 언제 어디서든 언어 정보의 요약은 흔히 요구됩니다. 다른 사람에게 들은 이야기, 글로 된 자료, 책 등으로부터 얻은 정보를 요약하지 못하면 업무상 큰 실수나 문제를 일으킬 수도 있죠. 한편 비즈니스 퍼슨에게는 '비언어 정보'의 요약도 자주 요구됩니다. 비언어 정보란 언어나 문자 이외의 정보를 말합니다. 현장에서 '본 것', '들은 것', '느낀 것', '만진 것'도 넓은 의미에서 비언어 정보입니다. 대인 관계 커뮤니케이션에서 얻은 감정 역시 비언어 정보입니다. 예를 들어 '상대가 화를 내고 있다', '기뻐하고 있다' 등의 정보가 포함됩니다. 이런 비언어 정보를 요약할 수 있어야 소통 시 상황의 본질이나 진의까지 전달할 수 있습니다.

· 비언어 정보를 요약하는 방법 ·

당신이 상사의 지시에 따라 3주 전에 새로 문을 연 직영점 레스토랑을 시찰한다고 합시다. 새 점포의 점장이 당신에게 "오픈 후 매출은 순조롭고 별다른 문제는 없습니다"라고 말합니다. 그 말을 그대로 받아들이면 당신은 상사에게 이렇게 보고할 것입니다.

"오픈 후 매출은 순조롭고 별다른 문제는 없었습니다."

그러나 당신이 실제로 목격한 상황은 조금 다릅니다. 낮 시간임에도 불구하고 빈자리가 눈에 띄고 아르바이트생도 친절하지 않았으며 주방과 홀 직원 간의 소통이 잘 이뤄지지 않았습니다.

당신이 이런 비언어 정보까지 전달한다면 보고 내용은 조금 달라지지 않을까요?

"점장의 말에 따르면 '매출은 순조롭고 별다른 문제는 없다'고 합니다. 하지만 제가 시찰한 날에는 낮 시간에도 불구하고 빈자리가 눈에 띄었습니다. 매출은 오픈 후에 나타난 일시적인 효과일 가능성도 부정할 수 없습니다. 그리고 아르바이트생도 친절하지 않았고 주방과 홀의 연계도 삐걱댄다는 인상을 받았습니다. 특히 불친절한 접객은 빠른 개선이 필요하다고 느꼈습니다. 어쩌면 교육이 충분히 이뤄지지 않았을지도 모릅니다. 본부의 지도가 필요하다고 생각합니다."

비언어 정보까지 요약했더니 보고 내용이 완전히 바뀌었습니다. 비언어 정보를 수집할 때는 '관찰력'이 필요합니다. 관찰 대상이 사람이라면 사람의 주요 비언어 정보에 주목하면 됩니다.

- 눈: 호의적인 눈, 불복하는 듯한 눈, 적의에 찬 눈
- 표정: 기쁨에 찬 표정, 분노에 찬 표정, 밝은 표정, 어두운 표정
- 목소리: 큰 목소리, 밝은 목소리, 시원시원한 목소리, 작은 목소리, 어두운 목소리, 우물우물하는 목소리
- 제스처: 긍정적인 인상을 주는 제스처, 부정적인 인상을 주는 제스처

점장과 이야기할 때 점장은 어떤 표정을 짓고 있었을까요? "매출은

순조롭고 별다른 문제는 없습니다"라고 말하면서 표정이 굳어 있거나 목소리가 잠겨 있지는 않았을까요? 표정과 목소리가 밝았다고 해도 마음속으로는 위기를 느끼고 있을 수도 있습니다.

비언어 정보도 언어 정보와 마찬가지로 차근차근 '수집→정리→전달'해 나갑시다.

3단계 요약의 기술 한눈에 보기

1단계
정보 수집

다양한 정보
문장, 다른 사람의 이야기, 체험, 오감으로 얻은 정보, 분위기, 모습

정보 수집

2단계
정보 정리

그룹으로 나누기
우선순위 정하기

정보 정리

가설 → 실천 → 검증 → 수정

3단계
정보 전달

상대방은 누구?　　　　상대방의 니즈는?

정보 전달

90퍼센트 버리기

상대방의 기쁨, 납득, 만족, 유익, 감동, 공감	

1단계: 정보 수집

양질의 정보를
모아라

정보의 질이 좋아야
좋은 요약을 한다

　스포츠든, 게임이든, 여행이든 어떤 주제든지 당신이 지금 열중하고 있는 일이라면 1시간이든 2시간이든 편안하게 이야기할 수 있을 것입니다. 왜냐하면 당신에게는 많은 정보가 있기 때문입니다. 그러나 만약 지금 누군가가 "에티오피아의 경제 상황을 설명해 주세요"라고 요구한다면 당신은 잘 대답할 수 있을까요? 아마 편안하게 이야기할 수 없을 것입니다. 평소에 관심 있는 주제가 아니라면 당신에게 충분한 정보가 없기 때문입니다.

　이처럼 편안하게 말할 수 있느냐 없느냐의 차이는 '정보량의 차이'에 달려 있습니다. 다른 사람에게 뭔가를 이야기할 때는 우선 그것과 관련된 정보를 갖고 있어야 하죠. 말하려는 바를 잘 요약해서 상대방에게 효과적으로 전달하기 위해서는 명확한 정보 수집을 빼놓을 수 없습니다.

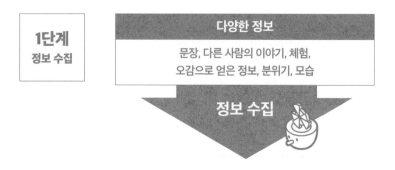

· 신뢰할 수 있는 정보를 모아라 ·

직종이나 전문성의 차이는 있겠지만 비즈니스 퍼슨의 일상은 커뮤니케이션의 연속입니다. 커뮤니케이션은 말하기와 동시에 듣기도 이뤄집니다. 상사, 부하, 동료, 거래처, 고객 등과의 커뮤니케이션은 모두 정보 수집의 현장입니다. 상대방에게 어떤 정보를 얻느냐에 따라 그 후 요약의 '질'이 달라집니다.

물론 카탈로그, 기획서, 제안서, 회의록, 리서치 데이터 등의 자료도 귀중한 정보입니다. 신문이나 잡지, 책, TV, 인터넷, SNS 등에서도 효율적으로 정보를 얻을 필요가 있습니다. 또한 현장에서 오감을 사용해 받아들이는 '감각'이나 자신의 내면에서 만들어진 '생각'과 '기분' 역시 중요한 정보입니다.

한편, '정보는 많을수록 좋다'라는 말을 맹신하는 것은 위험합니다. 개중에는 신빙성이나 신뢰성이 결여된 정보도 있기 때문입니다. 정보를 수집할 때 중요한 것은 신뢰할 수 있는 정보원을 확보하는 것입니다. 우수한 기자나 저널리스트는 대부분 신뢰할 수 있는 정보원과 연락망을 갖고 있습니다. 마찬가지로 우수한 경영자나 비즈니스 퍼슨 중에도 신뢰할 수 있는 정보원을 확보한 사람이 적지 않습니다.

그들에게 정보는 '생명' 그 자체입니다. 따라서 정보원을 선정하는 데 신중을 기합니다. 우수한 경영자는 질이 좋은 정보를 얻음으로써 새로운 비즈니스 모델을 구축하고 신규 사업을 성공으로 이끕니다. 나아가 우수한 인재를 채용하고 육성하는 일, 위기관리 체제를 구축하는 일, 수익을 창출하고 최선의 투자를 하는 일 등의 전개가 가능해지는 것입니다.

손에 넣은 정보가 질이 떨어진다면 기업과 비즈니스 퍼슨에게 오히려 치명상이 되기 쉽습니다. 엉터리 정보를 다루다가 큰 실수나 문제가 생기는 경우도 있습니다. 충분히 신뢰할 만한 정보를 확보하는 것은 일을 스마트하게 진행할 때도, 자기 자신을 지키기 위해서도 매우 중요합니다.

정보가 술술 들어오는
안테나 세우기

정보 수집은 좋은 요약의 첫걸음이라고도 할 수 있습니다. 그렇다면 정보 수집의 효율을 높이려면 어떻게 해야 할까요? 저는 뇌 안에 '정보 안테나'를 세우는 방법을 추천하고 싶습니다.

예를 들어 A씨와 B씨가 함께 길을 걷고 있다고 합시다. A씨는 맛있는 음식을 먹는 것을 좋아하고 B씨는 패션에 관심이 많습니다. A씨는 새로 생긴 카페, 손님이 길게 줄을 선 라멘 가게, 미식 관련 잡지에 실린 인기 이탈리아 식당에 눈이 갑니다. 패션에는 흥미가 없어서 자신의 옷은 물론 B씨의 옷에도 관심이 없습니다. 반면 B씨는 지나가는 사람들의 옷차림을 살펴보면서 최근의 유행을 확인하고 그들의 패션을 분석합니다. 물론 쇼윈도 너머로 보이는 마네킹도 빠뜨릴 수 없습니다. 이처럼 같은 길을 걷고 있어도 사람들은 완전히 다른 세계를 살아가고 있습니다. 그 이유는 이들의 뇌에 세워진 정보 안테나가 다르기 때문입니다.

· 뇌에 정보 안테나를 세우는 방법 ·

정보 안테나는 RAS(Reticular Activating System, 망상 활성계)라고 불리는 뇌 기능으로 설명할 수 있습니다. RAS는 간단하게 말해서 '눈앞의 정보나 사건에서 무엇을 확인하고 무엇을 인식하지 않을지를 거르는 필터'입니다. 앞서 A씨는 일상에서 음식 정보를 인식하고 B씨는 패션 정보를 인식한 것 역시 RAS의 영향 때문입니다.

만약 당신이 스스로 정보 수집을 잘 못한다고 느낀다면 뇌 안에 당신이 얻고 싶은 주제와 관련된 정보 안테나를 세워 봅시다. 안테나를 세우는 방법은 간단합니다. 뇌에 명령을 내리기만 하면 됩니다. 뇌에 명령을 내리면 뇌는 자동적으로 그 주제와 관련된 정보를 수집하기 시작합니다.

요약을 위한 정보 수집의 예를 들어 봅시다. 만약 당신이 회사에서

'옥상 녹지화 신규 프로젝트'에 참여하게 됐다면 뇌에 '옥상 녹지화에 관한 정보를 수집하라'고 명령을 내립니다. 명령을 내린 순간부터 당신의 뇌는 옥상 녹지화에 관한 정보를 수집하기 시작합니다.

거리를 걷다가도 옥상이나 테라스, 베란다에 있는 녹색 식물에 주목하게 됩니다. 녹지화에 힘을 쏟은 공원에 시선이 가고 서점에 가면 '녹지화'가 적힌 책이 눈에 들어옵니다. 인터넷 검색창에 '옥상 녹지화'라고 입력하기도 하면서 정보 안테나를 바짝 세우면 예기치 못한 곳에서 이와 관련된 정보가 날아 들어옵니다. 어쩌다 비슷하게 생긴 '녹차'라는 단어에 반응하는 것도 정보 안테나의 효력입니다.

옥상 녹지화의 효과나 장점	옥상 녹지화의 종류	옥상 녹지화에 적합한 식물
옥상 녹지화의 조성금 제도	옥상 녹지화	옥상 녹지화에 관한 법률이나 조례
옥상 녹지화의 리스크와 주의점	옥상 녹지화에 드는 비용	옥상 녹지화의 성공 사례

'옥상 녹지화'의 정보 안테나 세우기

비즈니스 현장에서 정보 안테나를 세울 때는 가능한 한 누락이 없도록 주의해야 합니다. 가령 아무리 옥상 녹지화의 효과나 장점을 잘 이야기해도 단점이나 주의점까지 이야기하지 않으면 설득력이 떨어집니다. 또는 옥상 녹지화 시스템은 훤히 꿰뚫고 있는데 관련된 법률적 지식이 없다면 이야기가 되지 않습니다. 가능한 한 빈틈없이 이야기를 전달하려면 '옥상 녹지화에 관한 법률이나 조례'나 '옥상 녹지화의 리스크와 주의점'이라는 안테나까지 세워서 다양한 정보를 수집해야 할 것입니다.

표는 정보 안테나를 세우는 예시입니다. 줄글로 쭉 적어 내려가도 좋지만 아홉 칸짜리 표를 사용하면 더 쉽게 정보를 수집할 수 있습니다. 인간에게는 칸을 채워 넣고 싶어 하는 본능이 있기 때문입니다.

아홉 칸은 편의상의 추천에 불과합니다. 만약 관련 정보를 하나도 빠짐없이 입력하고 싶다면 더 많은 칸을 만들어서 적어 봅시다. 이렇게 칸을 나눠 적으면 이 프로젝트를 진행할 때 필요한 정보를 쉽게 얻을 수 있을 뿐만 아니라, 상황에 따라 명확하게 요약하고 신속하게 전달할 수 있게 됩니다.

" 적극적으로
의심하고 질문하라 "

좋은 요약을 하기 위해서는 정보의 질을 높이는 것이 중요합니다. 그러려면 수동적인 태도에서 벗어나 정보에 적극적으로 다가갈 필요가 있습니다. 적극적으로 다가가는 하나의 수단으로 '스스로에게 질문하기'가 있습니다. 지금부터는 좋은 요약을 완성하는 '좋은 정보'를 얻는 법을 소개합니다.

예를 들어 당신이 역 앞에 있는 카레 가게에 사람들이 길게 줄을 선 장면을 목격했다고 합시다. 줄이 길다는 이유만으로 '역 앞에 있는 카레 가게는 맛집이다'라고 다른 사람에게 이야기할 수 있을까요? 이는 안이한 행동입니다. 우연히 목격한 상황에서 얻은 정보의 비약이 너무

심하기 때문입니다. 정보의 신빙성이나 가치를 확인할 때는 스스로에게 질문을 던지는 것이 효과적입니다. 다음은 이 상황에서 스스로에게 던질 수 있는 질문의 예시입니다.

'그 가게는 매일 행렬이 이어지는가? 우연은 아닐까?'
'마침 점심시간이었기 때문은 아닐까?'
'가게 안의 테이블 수가 적은 것은 아닐까?'
'주문 후 카레가 나올 때까지 걸리는 시간이 긴 것은 아닐까?'
'전날 방송에 나온 가게는 아닐까?'

· 의심을 해소하는 '5W3H' 질문 ·

단 한 번 목격한 정보로 그 가게의 인기를 예측할 수는 없습니다. 의문스러웠던 점이나 이상한 점을 질문 형식으로 만들어 꼼꼼히 답할 필요가 있습니다. 이때 대부분의 질문은 '5W3H'로 만들 수 있습니다.

- Who(누가/어떤 사람이)
- What(무엇을/어떤 일을/어떤 것을)
- When(언제/어떨 때)

- **Where**(어디에서/어디에/어디로/어디로부터)

- **Why**(왜/어째서/무엇 때문에)

- **How**(어떤 식으로/어떻게)

- **How many**(어느 정도)

- **How much**(얼마나)

이런 질문을 스스로에게, 때로는 상대방에게 적극적으로 던지면 정보의 질을 높일 수 있습니다. 지금부터는 정보의 질을 높이는 데 효과적인 세 가지 질문 방식을 소개하겠습니다.

신뢰를 얻는 3가지 질문
'왜', '어떻게', '만약에'

Why(왜/어째서/무엇 때문에)

이유나 원인, 근거, 동기 등을 묻는 'Why(왜?)'는 정보의 신빙성을 높일 때 효과적입니다. 'Why'에 대한 답을 얻는 것은 곧 이유나 근거, 증거를 손에 넣는 것입니다. 그 덕분에 말과 글의 설득력은 확연히 높아집니다.

'왜 그 방법이 효과적이라고 말할 수 있을까?'

'애초에 왜 그 프로젝트가 필요할까?'

'어째서 그런 실수가 일어났을까?'

'왜 A사는 이 상품의 개발을 단행했는가?'

'무엇 때문에 이 미팅을 마련했는가?'

How(어떻게?)

수단이나 방법론을 이끌어 내는 'How(어떻게?)'도 비즈니스 현장에서 매우 중요합니다. 'How'로 이끌어 낸 답은 미래의 행동, 전개, 대책 등으로 연결되는 정보가 될 수 있습니다.

'어떤 프로모션을 진행할 것인가?'

'프로젝트를 어떤 방식으로 진행할 것인가?'

'어떤 방법으로 고객의 만족도를 측정할 것인가?'

'기존의 서비스에 이 시스템을 어떻게 적용할 것인가?'

'30명의 부하를 어떤 식으로 관리할 것인가?'

If(만약에)

'5W3H' 외에도 필자가 애용하는 질문이 'If(만약에)'입니다. '만약'이라는 것은 아직 일어나지 않은 상황을 상상할 때 쓰는 말입니다.

'만약 이 플랜을 실행에 옮긴다면 얼마만큼의 비용이 들까?'

'만약 매출이 목표치에 다다르지 않으면 어떻게 대처할 것인가?'

'만약 이 일을 맡게 되면 어떤 이점이 있을까?'

'만약 마감일을 지키지 못할 경우 대응책은 무엇인가?'

이처럼 자신이나 상대방에게 'If' 질문을 하면 앞으로의 행동 지침이나 판단 기준이 될 수 있는 정보를 폭넓게 얻을 수 있습니다. 모든 가능성에 대비하는 것은 비즈니스상으로도 위험을 감수하는 데 효과적입니다. 또한 'If'를 사용한 질문은 자기 계발적인 도구가 되기도 합니다. 다음은 그 예시입니다.

'만약 내가 책임자의 입장이었다면 어떻게 행동했을까?'

'만약 부장에게 ○○이라는 질문을 받았다면 나는 어떻게 대답할 것인가?'

'만약 이 일을 뒤로 미루면 어떻게 될 것인가?'

만약의 세계의 대응책을 마련해 두면 자신이 해야 할 생각이나 행동이 명확해지고 위험을 대처하는 능력도 높아집니다. '만약'이 이끌어 낸 정보는 '조금 앞선 미래'이기도 합니다. 결국 상황을 앞질러 갈 수 있는 사람이 좋은 결과를 내는 것은 당연합니다. 돌발적인 질문과 문제에 맞닥뜨려도 신속하게 대응하는 사람이 있다면 아마 평소에 'If' 질문을 자주 하며 조금 앞선 미래를 내다보는 사람일 것입니다.

모든 경우의 수를 가정해서 미리 시뮬레이션을 끝내 두면 심리적인 불안감이나 망설임이 줄어드는 이점이 있다는 것을 명심합시다.

"
확인은 닫힌 질문,
아이디어는 열린 질문
"

누군가와 대화를 나눌 때 일방적으로 상대방의 이야기를 듣기만 해서는 겉으로 드러나는 일면적인 정보밖에 얻을 수 없습니다. 더 유익하고 질 좋은 정보를 얻으려면 상대방에게 적극적으로 질문을 던져야 합니다. 질문에는 크게 '닫힌 질문(closed question)'과 '열린 질문(open question)'이 있습니다.

닫힌 질문은 상대방이 '예', '아니오' 혹은 'A', 'B'처럼 두 가지 보기 중 하나를 택해서 답하게 되는 질문입니다. 이는 상대방이 대답할 수 있는 범위를 제한하기 때문에 화제를 좁힐 수 있고 상대방의 의견과 태도를 명확하게 알 수 있습니다.

"기획 A와 기획 B 중에서 어느 쪽이 좋다고 생각하나요?"(닫힌 질문)

열린 질문은 대답의 범위가 정해져 있지 않고 상대가 자유롭게 답할 수 있는 질문입니다. 대답에 제한을 두지 않음으로써 화제의 폭을 넓히거나 상대방이 가진 의견, 아이디어를 이끌어 낼 수 있습니다.

"기획 A와 기획 B 각각에 대해 의견을 들려주시겠습니까?"(열린 질문)

· 질문을 조합하면 편향을 막는다 ·

닫힌 질문의 경우 상대방의 대답은 기획 A 혹은 기획 B 둘 중 하나입니다. 반면 열린 질문의 경우 상대방은 기획 A와 기획 B에 관한 의견을 자유롭게 말할 수 있습니다. 두 가지 질문 방식 중 어느 쪽이 좋고, 나쁘다고 말할 순 없습니다. 둘을 잘 조합하면 그때그때 필요한 정보를 효율적으로 수집할 수 있습니다.

어느 쪽이든 한 가지 방식으로만 질문하는 사람은 정보 수집 시 편향이 생길 우려가 있습니다. 이럴 때는 의식적으로 두 가지 질문을 골고루 던져야 합니다.

닫힌 질문

"기획 A와 기획 B 중 어느 쪽이 좋다고 생각하나요?"

"역시 B인 것 같습니다."

열린 질문

"기획 A와 기획 B 각각에 관한 의견을 들려주시겠습니까?"

"A는 초보자를 위한 기획처럼 보이네요. B는 난이도가 다소 높기 때문에 중급자에게 적합하다고 생각합니다."

" 맹신하는 태도는
독이다 "

사람은 누구나 '인지 편향(cognitive bias)'을 갖고 있습니다. 인지 편향이란 사고가 한쪽으로 치우친 것을 가리킵니다. '맹신'이나 '편견'으로 바꿔 말할 수 있으며, 이는 '좋은 요약'을 방해하는 요인 중 하나입니다. 인지 편향이 너무 강하면 정보를 정확하게 파악할 수 없기 때문에 주의가 필요합니다. 다음은 일상에서 일어나기 쉬운 인지 편향의 예시와 그 이유를 살펴보겠습니다.

- 이 레스토랑은 음식도 맛있고 서비스도 훌륭하다. 하지만 식사 중에 우연히 파리 한 마리가 날아 들어오자 '이 가게는 형편없다'

고 단정한다.

→ 일부만으로 전체를 평가하고 있다.

• 별점이 4개 이상이면 재미있는 영화라고 판단한다.

→ 별점만으로 영화의 재미를 평가할 수 없다.

• A사가 급성장할 땐 A사의 방식을 무조건 긍정하고, 매출이 떨어질 땐 전체를 부정한다.

→ 결과의 좋고 나쁨을 과정의 좋고 나쁨으로 볼 수 없다.

• 신문에 나온 내용은 옳고, 기사의 댓글이 곧 여론이라고 믿는다.

→ 어떤 미디어든 정보를 일면적으로 보여 주는 것에 불과하다.

• 정장을 잘 차려 입은 사람은 일을 잘하는 사람이고, 복장이 너저분한 사람은 일을 못하는 사람이라고 단정한다.

→ 외모와 능력은 일치하지 않는다.

• 평소라면 비싸다고 느꼈을 물건도 고급 상점 안에서는 싸게 느껴진다.

→ 절대적 기준보다 상대적 기준을 우선하고 있다.

· 메타 인지력을 높여서 인지 편향을 막아라 ·

이처럼 인지 편향의 예는 수없이 많습니다. 인지 편향 때문에 생기는 손실을 막는 방법은 두 가지가 있습니다. 하나는 '인간이 인지 편향을 가진 생물'이라는 점을 자각하는 것입니다. 새로운 정보를 접할 때, 판단을 해야 하는 상황에 처했을 때 잠시 멈춰서 인지 편향이 이뤄지고 있지는 않은지 확인하는 것이 중요합니다. 편견이나 맹신을 떨쳐내면 보다 객관적으로 정보를 수집할 수 있습니다.

인지 편향을 막는 또 하나의 방법은 '메타 인지력'을 높이는 것입니다. 메타 인지력이란 자신의 사고나 행동을 객관화하는 능력입니다. 메타 인지력이 낮은 사람과 높은 사람의 특징은 다음과 같습니다.

메타 인지력이 낮은 사람

- 객관적으로 사물을 볼 수 없다.
- 시야가 좁다.
- 눈앞의 문제에 농락당하기 쉽다.
- 주로 감정적인 말과 행동을 한다.
- 어떤 일을 단기적으로밖에 생각하지 못한다.
- 커뮤니케이션 능력이 낮다(상대방의 감정을 생각하지 않고 말한다 등).

메타 인지력이 높은 사람

- 객관적으로 사물을 볼 수 있다.

- 시야가 넓다.

- 눈앞의 문제에 농락당하지 않고 해결책을 제시할 수 있다.

- 주로 이성적인 말과 행동을 한다.

- 어떤 일을 장기적으로 생각할 수 있다.

- 커뮤니케이션 능력이 뛰어나다(상대방의 감정을 고려해서 말한다 등).

비즈니스 현장에서 활약하는 사람은 메타 인지력이 높은 사람일 것입니다. 하지만 메타 인지력은 하루아침에 기를 수 있는 것이 아닙니다. 메타 인지력을 기르려면 다음과 같은 활동을 반복하며 감각을 익혀 나가야 합니다.

메타 인지력을 높이는 방법

- 자신의 사고와 감정을 적는다(사고와 감정을 객관화한다).

- 자신에게 일어난 사건을 적는다(사건을 객관화한다).

- 무엇을 위한 행동인지 그 목적을 생각한다(자신의 행동을 객관화한다).

- 자신의 말과 행동에 관해 제삼자로부터 피드백을 받는다(자기 자신을 객관화한다).

- 상대방은 어떻게 생각했을지 떠올리고 적어 본다(상대방의 기분을 객관

화한다).

• 소설을 읽거나 영화를 본다(다양한 사람의 생각이나 감정을 접한다).

인지 편향 때문에 손해 보고 싶지 않다면 메타 인지력을 높여서 의식적으로 자신의 사고와 행동을 객관화해야 합니다. 요약력이 빠르게 신장하는 사람일수록 자신이 요약하고 있다는 점을 잘 자각합니다. 즉, 갈고닦은 메타 인지력은 요약하는 과정 전반에서 큰 역할을 하는 것입니다.

" 정보의 본질을
파악하라 "

정보의 본질을 꿰뚫는 힘은 요약력을 강화할 때 굉장히 중요합니다. 수집 단계부터 본질을 파악할 수 있다면 요약은 더욱 정밀해집니다. 본질이란 사물의 근본적인 성질이나 모습을 말합니다. 표면적으로 보이는 정보만 수집할 것인지, 그 안의 본질까지 수집할 것인지에 따라서 커뮤니케이션의 질이 달라집니다.

본질을 파악하기 위해서는 '관찰력'과 '통찰력'이 필요합니다. 앞서 이야기했듯이 '관찰력'은 어떤 것의 상황이나 모습 등 '눈에 보이는 정보'를 주의 깊게 보는 힘을 말합니다. '통찰력'은 눈에 보이는 정보를 토대로 '눈에 보이지 않는 본질'을 꿰뚫는 힘을 말합니다. 나무에 비유하자면 줄기나 잎은 관찰력으로 볼 수 있고, 땅 아래의 뿌리는 통찰력으로 볼 수 있습니다.

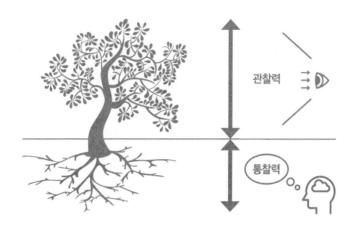

· 관찰 없이는 통찰도 없다 ·

통찰력을 얻기 위해서는 우선 관찰력부터 길러야 합니다. 관찰력은 말 그대로 '관찰'이기 때문에 의식을 기울여 가만히 바라보는 것이 중요합니다. 눈에 보이는 현상을 단서로 삼지 않으면 본질을 꿰뚫어 볼 수 없습니다.

줄기와 잎이 건강한 나무는 아마 뿌리의 상태도 좋을 것입니다. 이것이 겉모습을 단서 삼아 눈에 보이지 않는 본질을 파악하는 통찰력입니다. 만약 줄기와 잎이 건강하지 않으면 그 나무는 뿌리에 문제가 있을지 모릅니다. 그런데 뿌리의 상태를 고려하지 못하는 사람은 나무를 되살리기 위해 줄기와 잎에만 응급 처치를 합니다. 이는 완전히 잘못된 처치입니다.

반면 통찰력이 뛰어난 사람은 '아마 뿌리의 상태가 나쁠 거야'라고 판단해서 뿌리를 건강하게 만드는 방법을 생각할 것입니다.

인간은 자신이 인식할 수 있는 범위 안에서만 생각할 수 있습니다. 관찰은 인식 범위를 늘리는 행위입니다. 따라서 관찰이야말로 본질을 꿰뚫는 힘인 통찰력을 강화하는 유일한 접근 방식입니다.

이 논리를 비즈니스 현장에 그대로 적용할 수 있습니다. 문제나 과제에 대응할 때 본질을 파악하는 힘이 없다면 늘 효과가 미미한 임기응변으로 대처하기 쉽습니다. 응급 처치는 될지 몰라도 근본적인 문제를 완전히 해결할 수는 없습니다.

한편, 본질을 꿰뚫는 힘이 있는 사람은 문제를 적절한 방법으로 확실하게 해결할 수 있습니다. 당신도 문제의 진짜 원인을 알고 정확하게 해결하고 싶다면 본질을 꿰뚫는 눈인 '관찰력'과 '통찰력'을 길러야 합니다.

· 유추하는 능력으로 생각을 확장하기 ·

본질을 파악하면 좋은 점 중 하나는 '유추(analogy)의 활성화'입니다. 유추란 이미 알고 있는 정보나 경험을 미지의 장르에 적용하는 것입니다. 예를 들어 나무가 건강하지 않을 때 '그 원인이 뿌리에 있을 가능성이 높다'고 생각할 수 있는 사람은 마찬가지로 회사의 실적이 떨어지고 있을 때 '회사의 뿌리는 무엇일까?'라고 생각할 수 있습니다. 그리고 '회사의 뿌리는 인재다. 인재 육성을 강화할 필요가 있다'와 같이 생각을 확장할 수 있습니다.

"최근 도심의 역에는 '1만 원 헤어 커트 전문점'이 늘고 있다. 바쁜 회사원을 중심으로 인기를 모으는 듯하다. 한편, 최근 편의점의 서비스가 점점 다양해지고 있다."

당신이 이런 정보를 수집했다고 합시다. '1만 원 헤어 커트'와 '편의점의 다양화'라는 두 가지 정보는 종류가 완전히 다르지만 유추를 활용할 수 있는 사람은 그 두 가지를 비교, 분해, 결합할 수 있습니다. 예를 들면 이런 식으로 생각할 수 있습니다.

'편의점에 1만 원 헤어 커트 부스를 설치하면 의외로 인기를 모을 수

있지 않을까?'

　이는 '1만 원 헤어 커트'와 '편의점'이 공통으로 갖고 있는 특징인 '편리함', '합리성'을 파악해야만 나올 수 있는 발상입니다. 이렇듯 서로 다른 두 가지 정보의 본질을 파악하면서 정리하면 새로운 아이디어를 떠올릴 수 있습니다.

　유추 능력을 갈고닦으면 새로운 비즈니스 모델의 구축, 기획의 입안, 사업 전략의 재정비, 인재 채용과 육성의 개혁, 시간 관리 업데이트 등 모든 비즈니스 현장에서 아이디어나 문제 해결책을 제공할 수 있습니다.

사람의 성격을 정리하면
관계가 보인다

　의견이나 기분 이외에도 상대방의 인격, 성격 같은 본질적인 특성을 파악할 수 있는 사람은 말하기와 쓰기의 질을 높일 수 있습니다. 상대방의 성격을 파악하려면 상대가 하는 말의 내용뿐만 아니라 말하는 모습과 표정까지 관찰해야 합니다. 모습이나 표정은 때때로 언어 이상으로 많은 정보를 줍니다. 덕분에 말 속에 숨은 진짜 의도와 본심을 파악할 수 있는 경우도 적지 않습니다.

　당신의 직속 상사는 어떤 성격을 가진 사람인가요? 성격을 파악하려면 청각이나 시각을 이용해서 상대방의 특징을 세세하게 관찰할 필요가 있습니다.

다음은 성격이 다른 두 사람을 관찰한 예입니다.

A과장

- 솔선해서 부하에게 먼저 말을 걸고 적극적으로 소통하려고 한다.
- 평소에 밝고 부하와 일 이외의 이야기도 자주 한다.
- 부하를 격려하고 의욕을 불어넣는 일을 잘한다.
- '고객의 만족도 향상'을 중시한다.
- 단기적인 숫자보다 일의 과정을 중시한다.
- 취미는 축구 경기 관전과 등산이다.

B과장

- 먼저 부하에게 말을 거는 일이 없고 주변 사람과의 소통도 적은 편이다.
- 얼굴을 찌푸리고 있을 때가 많고 일 이외의 이야기는 안 한다.
- 지적을 자주 하고 부하를 제어하려고 한다.
- '단기적인 성과를 계속 내는 것'을 중시한다.
- 과정에는 흥미 없고 숫자로 업무 성과를 판단한다.
- 취미는 일이라고 딱 잘라 말한다.

사람의 특징을 세세하게 적어 보면 성격이 보이기 시작합니다. 물론 A과장과 B과장 중 누구의 성격이 더 좋고 나쁘다고는 할 수 없습니다.

사람마다 성격 차이가 있는 것은 당연합니다. 그렇기 때문에 사람의 성격을 파악하면 관계의 어려움을 줄일 수 있습니다.

· 성격을 정리하는 것도 비즈니스다 ·

특히 비즈니스 현장에서는 상대방의 성격을 파악할 때 더 생산적인 아웃풋(말하기와 쓰기)이 가능해집니다.

예를 들어 고객의 만족도를 제일로 생각하는 A과장과 숫자로 부하의 능력을 판단하는 B과장은 원하는 정보가 완전히 다릅니다. A과장에게는 고객의 만족도에 초점을 맞춘 보고가 효과적입니다. 반면 B과장에게 고객의 만족도는 아무런 울림을 주지 못합니다. "그건 됐고 이번 달 매출은 어땠나?" 하고 도리어 질문을 받을지도 모릅니다.

B과장에게 보고할 때는 늘 숫자를 의식해서 단기적인 성과가 나왔는지 그렇지 않은지를 전달해야 합니다. 만약 성과가 나오지 않았다면 단기적으로 매출을 올리기 위한 아이디어를 준비해 두는 것이 좋습니다. 숫자로 업무 성과를 판단하는 B과장에게는 숫자를 언급해서 보고하는 것이 중요하겠죠.

'일을 할 때 다른 사람의 성격을 파악할 필요는 없다'는 생각은 잘못

됐습니다. 회사에서 인간관계는 빼놓을 수 없습니다. 괜찮은 인간관계를 쌓고 원활하게 일을 진행하기 위해서는 다른 사람의 표정, 성격을 파악하는 것이 매우 중요합니다. 상대가 고객일 때도 마찬가지입니다. 질 좋은 서비스를 제공하는 회사일수록 고객 한 사람 한 사람의 성격을 잘 파악하는 법이니까요.

긴자의 고급 술집에서는 고객의 성격 정보를 철저하게 수집합니다. 성격을 파악하면 고객이 즐거워하는 대화를 이끌어 낼 수 있기 때문입니다. 고객을 단골로 만드는 비결의 첫걸음 역시 '정보 수집'입니다.

"머릿속의 정보 네트워크를 강화하는 법"

정보를 수집할 때는 주제에 딱 들어맞는 키워드를 모으는 습관을 들여야 합니다. 외국인들이 '초밥', '후지산', '스모', '게이샤', '스키야키'라는 키워드를 발견하면 아마 '일본'을 떠올릴 것입니다. 이처럼 키워드의 관계성에 주목하면 더 큰 키워드가 보이기 시작합니다.

① 재채기, 콧물, 눈 가려움, 2월부터 3월이 절정

② 격투기, 글러브, 챔피언 벨트, 한 라운드는 3분

이 키워드를 보고 무엇이 떠오르나요? 대부분의 사람이 ①은 '꽃가루 알레르기', ②는 '복싱'임을 눈치챘으리라 생각합니다. 말은 그 말 이외의 말(정보)로 성립됩니다. 즉, 단어의 의미를 전달할 땐 그 단어를 설명하는 또 다른 단어로 이야기할 수밖에 없습니다. 하나의 말만으로는 의미를 전달할 수 없기 때문입니다.

말은 곧 '정보 네트워크'입니다. 정보 네트워크는 '이해하고 있는 말의 양'과 '말끼리의 연계' 이 두 가지를 늘릴수록 활성화됩니다. 정보 네트워크가 강화된 사람은 상황에 맞는 최적의 말을 고를 수 있습니다. 그 결과, 보고·연락·상담을 비롯해 설명·교섭·발표 등 전반적인 아웃풋의 질이 높아집니다.

· 숲과 나무를 골고루 보기 ·

정보에는 '구체 정보'와 '추상 정보'가 있습니다. 몇 가지 구체 정보를 연결하면 그것들을 하나로 묶는 추상 정보가 보이는 경우도 있는가 하면, 그와는 반대로 하나의 추상 정보로부터 구체 정보를 전부 찾아내는 경우도 있습니다.

예를 들어 '인터넷'이라는 추상 정보를 구체적으로 바꾸면 '홈페이지', 'SNS', '스토어', '웹 메일'이 도출됩니다. 더 나아가 'SNS'는 '트위터', '페이스북' 등으로 나눌 수 있습니다.

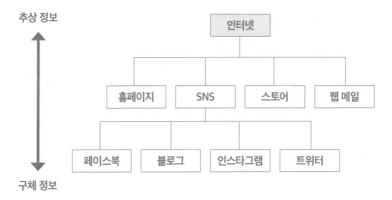

추상 정보

구체 정보

인터넷

홈페이지　SNS　스토어　웹 메일

페이스북　블로그　인스타그램　트위터

추상 정보와 구체 정보

　당신이 '침체기를 맞은 기업의 실적을 개선하는 방법은?'이라는 질문을 받는다면 그 대책을 얼마만큼 제안할 수 있나요? 다음은 개선안의 예시들입니다.

- 영업력 강화
- 신제품 개발
- 판로 확대
- 신규 사업 런칭
- 마케팅 방식의 변화
- 광고 전략
- 기존 고객의 재이용률 향상

- 비용 삭감
- 기업 브랜드 확립 및 강화
- 인재 육성
- 경영진의 쇄신
- 기업의 체질 개선
- 매스컴과 미디어 전략
- 타사와의 협업
- 컨설턴트에게 지도 청탁

여기 나열한 개선안들은 '추상 정보'입니다. 인재를 육성하자고 말하지만 구체적으로 해야 할 일은 보이지 않기 때문이죠. 즉, 실제로 인재를 육성하려면 어떤 방법을 사용할 것인가 하는 '구체 정보'로 좁혀 나갈 필요가 있습니다. 물론 업무에서 구체 정보를 제안할 수 있으려면 나름의 경험치가 필요합니다.

그러나 경험치가 있음에도 재빠르게 구체 정보를 도출하지 못하는 사람이 있습니다. 그런 사람은 평소에 추상 정보와 구체 정보를 오가는 습관이 배어 있지 않은 것입니다.

"물고기의 종류는?"

이런 질문을 받았을 때 머릿속에서 '참치', '연어', '전갱이', '도미'와 같이 대답할 수 있다면 추상 정보와 구체 정보를 재빠르게 오갈 수 있는 사람입니다. 이때 물고기는 추상 정보이고 참치, 연어, 전갱이, 도미는 구체 정보입니다. 이처럼 머릿속에 정보 네트워크가 활성화된 사람은 채소의 종류든 스포츠의 종류든 어느 정도 이름을 열거할 수 있을 것입니다.

추상 정보와 구체 정보를 넘나드는 사고는 게임하듯이 단련할 수 있습니다. 무엇보다 중요한 것은 습관화입니다. 당신이 평소에 다른 사람에게 많이 전달하는 주제의 추상 정보와 구체 정보를 오가는 사고 습관을 들이는 것입니다.

금융, 상사, 서비스, 언론, 제조, 교육, 식음, 공무원 등 모든 업종 업태에 추상 정보와 구체 정보가 존재합니다. 평소에 'ㅇㅇ보다 상위에 있는 추상 정보는 무엇일까', 'ㅇㅇ보다 하위에 있는 구체 정보는 무엇일까' 하며 생각하는 습관을 들이면 정보 네트워크가 강화됩니다. 그러면 자연스럽게 '좋은 요약'을 할 수 있는 체질로 변화할 것입니다.

• 책의 얼굴인 '목차'를 살펴라

책이나 각종 비즈니스 문서에서 정보를 수집할 때는 반드시 '목차'를 훑어봐야 합니다. 목차는 텍스트의 내용을 단적으로 나타낸 궁극의 요약입니다.

예를 들어 제1장부터 제5장까지 있는 책이라면 목차를 훑어보고 각 장의 내용을 대략 파악할 수 있습니다. 다시 말해 자신에게 필요한 페이지만 골라 읽을 수 있습니다. 가령 목차를 보고 제3장의 내용에 흥미를 느꼈다면 제3장만 읽어도 필요한 정보를 손에 넣을 수 있을지 모릅니다. 그 장만으로 부족하다면 중요도가 높아 보이는 순서로 다른 장을 훑어보면 됩니다.

• 정독보다 선택적으로 읽는다

불필요하다고 판단한 장에도 유익한 정보가 실려 있을 가능성이 있습니다. 그런 페이지들은 소제목, 반복해서 등장하는 키워드를 중심으로 훌훌 넘겨 보면 됩니다. 정독할 필요는 없습니다. 책장을 넘기면서 '이 부분은 읽는 게 좋겠다'는 느낌이 들 때, 그곳을 중점적으로 읽습니다.

• 하나라도 제대로 읽겠다는 마음가짐은 필수

주의할 점은 '처음부터 마지막까지 제대로 읽어야겠다'는 마음가짐입니다. 그런 의식 없이 책을 읽으면 정보 수집의 효율은 높아지지 않습니다. 정보 수집 단계부터 이미 요약은 시작됐습니다. 이 과정에서 어떤 정보가 필요하고 필요하지 않은지를 명확하게 구분하면 그 후의 요약 과정에서 부담을 덜 수 있습니다.

정보를 그룹으로 나눠라

" 목표부터 시작해서
거꾸로 정리하라 "

양질의 정보를 수집했다면 다음으로 할 일은 두 번째 단계인 '정보 정리'입니다. 다만 아무렇게나 정리해서는 안 됩니다. 요약의 목적은 아웃풋(말하기, 쓰기)을 통해 상대방에게 '가치 있는 정보'를 전달하는 것이므로 목표부터 거꾸로 정리해 나가야 합니다.

예를 들어 당신이 6개월 동안 협력 업체인 M사를 서포트하기 위해 파견을 나간다고 가정해 보겠습니다. 6개월 후, 당신은 상사에게 파견 보고를 해야 합니다.

"처음에는 부서 사람들과 커뮤니케이션을 하는 데 어려움을 겪었습니다. 사내 분위기는 나쁘지 않았지만 부서 간 의사소통이 잘 안 되는 것 같은데… 그래서 생각처럼 일이 잘 안 풀릴 때도 많았고요….”

이런 식으로 보고한다면 상사가 도중에 말을 끊고 “자네의 일기 같은 이야기는 듣고 싶진 않아. 성과를 들려 달라고!” 하며 호통을 칠지도 모릅니다. 말을 아무리 잘해도 횡설수설하는 사람으로 비치기 쉽습니다.

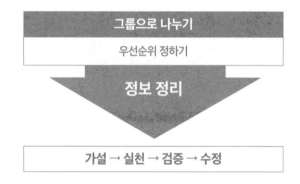

· 상대방이 듣고 싶은 것부터 정리하라 ·

요약을 잘하는 사람은 ‘상사가 어떤 형태의 보고를 듣고 싶어 하는가?’라는 이상적인 목표부터 파악합니다.

우선순위 1. M사가 안고 있는 과제

우선순위 2. 파견 사원이 M사에서 실행한 해결책

우선순위 3. 해결책을 실행해서 얻은 성과

이처럼 상사의 니즈에 맞게 정보를 그룹으로 나누고 정보의 우선순위를 정하면 상사가 이해하기 쉬운 보고가 만들어집니다.

"M사에는 크게 A와 B라는 두 가지 과제가 있었습니다(우선순위 1). A에는 ○○이라는 해결책으로 접근한 결과(우선순위 2), 반년 후 매출이 △△% 상승했습니다(우선순위 3). B에는 □□라는 해결책으로 접근한 결과(우선순위 2), 마찬가지로 반년 후 성과를 올릴 수 있었습니다(우선순위 3)."

이 보고에는 상사가 알고 싶은 정보가 전부 들어 있습니다. 심지어 듣는 사람이 이해하기 쉽게 순서대로 이야기합니다. 꼭 필요한 정보를 모두 보고한 후에 반년간의 파견에서 얻은 교훈이나 M사에서 배운 점을 덧붙인다면 상사의 만족도는 더 높아질 것입니다. 물론 이것들은 보고의 우선순위 네 번째와 다섯 번째입니다.

정보의 그룹화와 우선순위를 다시 정리해 보면 이렇습니다.

① M사가 안고 있는 과제

② 파견 사원이 M사에서 실행한 해결책

③ 해결책을 실행해서 얻은 성과

④ 반년간의 파견에서 얻은 교훈

⑤ M사로부터 배운 점

파견 현장에서 대활약했음에도 그것을 알기 쉽게 전달할 수 없다면 상사는 당신의 파견 업무에 낙제점을 줄지도 모릅니다. 그렇게 되지 않으려면 상대방의 니즈를 미리 파악한 후에 중요한 정보부터 확실히 정리해야 합니다.

정보에 이름표를 붙이는 '그룹화 사고'

정보를 정리하는 과정에서 가장 중요한 것은 '정보의 그룹화'입니다. 그때그때 최적의 정보를 꺼낼 수 있도록 정보에 이름표를 붙여서 분류합니다. 사무실 책상 위의 자료를 예로 들어 봅시다. 아마 '사내 자료'와 '사외 자료' 혹은 '프로젝트별 자료'나 '고객 자료'처럼 그룹별로 나눠져 있을 것입니다. 더 나아가 '고객 자료'라면 가나다순으로 찾기 쉽게 정리해 둘 수도 있습니다.

만약 그룹으로 묶여 있지 않다면 자료를 찾는 데 굉장히 많은 시간이 걸리고, 심지어 찾지 못하는 등의 문제가 생깁니다. 그런 상태에서 일의 효율과 생산성은 계속 떨어질 뿐입니다.

우리가 핵심만 말하기 위해 정리하는 정보도 책상 위의 자료와 똑같습니다. 비슷한 정보끼리 분류하는 '그룹화'가 중요합니다. 머릿속이 어질러진 사람은 필요한 정보를 뇌에서 바로바로 꺼낼 수 없습니다. 그래서 자신도 잘 모르는 정보나 잘못된 정보를 전달하는 실수를 저질러서 상대방을 당황하게 만듭니다.

반면 머릿속이 잘 정리된 사람은 그때그때 상대방이 필요한 정보를 휙 꺼낼 수 있습니다. 그 결과 상대를 기쁘게 하고 감사, 호의, 신뢰를 얻죠.

· 차근차근 구체적으로 분류하기 ·

A씨가 생애 첫 차를 사려고 합니다. 그래서 자동차를 잘 아는 사람에게 "자동차를 사려고 생각 중입니다. 어떤 자동차가 좋을까요?"라고 상담을 요청했습니다. 이때 A씨에게 어떤 이야기를 하는지에 따라서 그 사람의 요약력을 확실히 알 수 있습니다. 요약을 못하는 사람은 이렇게 조언합니다.

"○○나 △△ 같은 좋은 차가 많으니까 그중 본인이 좋아하는 자동차를 사세요."

보통 이들이 예를 든 ○○와 △△에 공통점은 없습니다. 그저 자신이 개인적으로 좋아하는 자동차의 이름을 말한 것뿐입니다. 자동차를 잘 모르는 A씨에게는 굉장히 불친절한 조언입니다.

요약을 잘하는 사람은 우선 상대방의 니즈부터 파악합니다. 여기서는 A씨가 자동차를 구매하려는 이유와 선택 기준을 알아내는 것이겠죠. 그리고 자신이 아는 정보를 비슷한 것끼리 묶어 나갑니다. 자동차를 잘 모르는 A씨도 선택 기준을 고려할 수 있도록 우선 자동차를 유형별로 나눠 보겠습니다.

- 세단
- 왜건
- 미니밴
- 에스유브이
- 콤팩트 카
- 경차
- 스포츠카

머릿속에서 이렇게 그룹을 만들 수 있으면 질 높은 아웃풋을 기대할 수 있습니다. 가령 A씨가 '승차 공간과 짐칸이 완전히 분리된 것이 좋다'고 생각한다면 '세단'을, 3열 시트로 6인 이상의 승차를 희망한다면

'미니밴'을, 좁은 길에서도 회전이 자유롭고 경제성을 중시한다면 '경차'를 추천할 수 있습니다. 혹은 이야기를 듣던 중에 A씨가 '아웃도어를 좋아한다'는 사실을 알게 되면 오프로드를 즐길 수 있는 에스유브이를 추천하는 것도 좋을지 모릅니다.

최종적으로 "A씨에게 잘 맞는 자동차는 미니밴이라고 생각합니다"와 같은 조언까지 할 수 있다면 즉흥 컨설팅으로는 합격입니다.

자동차의 유형 이상으로 자세한 정보를 갖고 있는 경우, A씨가 미니밴에 흥미가 있음을 확인했다면 더 구체적인 요약으로 넘어갑니다. 이번에는 어떤 미니밴이 A씨에게 적합한지 파악하기 위해 미니밴을 그룹으로 묶어 봅니다.

- 고급 미니밴
- 패밀리 미니밴
- 콤팩트 미니밴

A씨가 예산이 충분하고 큰 엔진과 고급스러운 외관, 브랜드 가치 등을 선호한다면 '고급 미니밴'이 안성맞춤입니다. 혹은 예산이 한정적이고 엔진의 크기나 외관의 고급스러움보다는 날렵함과 경제성을 중시한다면 '콤팩트 미니밴'을 추천하면 만족할 것입니다.

가령 A씨가 콤팩트 미니밴에 흥미를 나타낸다면 마지막으로 제조사별로 콤팩트 미니밴을 비교해 나갑니다. 당신에게 이와 관련된 정보가 있다면 차종별로 세세한 외관이나 장비의 차이를 이야기할 수 있을 것입니다.

- 스윙 도어인가 슬라이드 도어인가?
- 시트가 접히는 것인가 접히지 않는 것인가?
- 앞좌석의 의자를 뒤로 넘기면 일직선으로 평평하게 되는가 그렇지 않은가?
- 저상 설계인가 그렇지 않은가?
- 하이브리드 모델인가?

· 필요한 정보를 단번에 정리하는 그룹화 사고 ·

여기까지 세세한 정보를 파악하고 있다면 그 사람은 이미 자동차 영업 사원 수준입니다. 세세하게 정보를 묶어서 정리하는 사고를 '그룹화 사고'라고 부릅니다. 이 사고를 몸에 익히면 언제든 필요한 정보를 바로바로 꺼낼 수 있게 됩니다.

그룹화 사고는 사무실 책상 위에 정리된 자료와 완전히 똑같습니다.

우선 큰 그룹에 있는 자료들을 다시 적절한 중간 그룹으로 나누고, 그 중에서도 더 세분화한 그룹으로 나눠 나갑니다. '큰 그룹화'부터 '세세한 그룹화'까지 정보를 정리할 수 있는 사람은 한 번의 검색(명령)만으로 뇌에서 필요한 정보를 꺼낼 수 있습니다.

자신의 뇌에 '○○에 대한 정보가 필요해!'라고 지령을 내렸을 때 필요한 정보를 바로 꺼낼 수 있으려면 반드시 그룹화 사고를 훈련해서 정보를 정리해 둬야 합니다.

그룹화 사고를 강화하기 위해서는 평소에 의식적으로 모든 것을 묶어 보는 습관을 들여야 합니다. 예를 들어 당신이 지금까지 감상한 영화를 장르별로 묶어 봅시다. 액션, 코미디, SF, 청춘 드라마, 휴먼 드라마, 판타지, 호러, 미스터리, 뮤지컬, 로맨스, 범죄 서스펜스, 다큐멘터리, 전쟁, 역사 등으로 나누면 머릿속에 영화 장르별 폴더가 생깁니다. 그 후에는 영화를 볼 때마다 각각의 폴더에 작품을 추가해 나가면 됩니다.

어렵게 생각할 필요는 없습니다. 의식할 수 있다면 그룹화는 이미 완료된 것입니다. 만약 '영화 〈도둑 가족〉은 휴먼 드라마다'라고 의식할 수 있다면 그룹화는 이미 끝난 것입니다. 누군가에게 말하거나 글을 쓰면 그 기억은 더 강화됩니다.

만약 업무에 필요한 요약력을 강화하는 것이 최우선 과제라면 일과 관련된 정보부터 그룹으로 묶어 나가야 할 것입니다.

죽어도 이 말만은 꼭!
'우선순위 사고'

그룹화 사고와 동시에 한 가지 더 갈고닦아야 하는 것이 '우선순위 사고'입니다. 정보에 우선순위를 매기는 것은 궁극적으로 '죽어도 꼭 말해야 하는 것'을 고르는 작업이라고 할 수 있습니다.

그룹별로 정리한 정보 중에서 필요한 정보를 고를 때 우리는 우선순위를 매깁니다. 만약 다이어트를 하는 사람이 라면, 파스타, 우동, 빵 등을 많이 섭취하고 있다면 당신은 어떤 조언을 해 주겠습니까? 이런 조언을 할 수 있다면 합격입니다.

"탄수화물을 조금 줄여 보는 것이 어떨까요?"

"글루텐 프리로 살을 뺀 사람이 꽤 있어요."

그러나 우선순위를 매기지 못하는 사람, 애초에 아무런 생각이 없는 사람은 "일단 헬스장에 가 보면 어때요?", "가압 트레이닝이 좋다고 하던데요", "저는 사우나에서 3킬로그램을 뺐어요" 등 어정쩡한 조언을 하기 쉽습니다.

· 중요한 순서대로 말하기 ·

이 조언들이 완전히 잘못됐다고 할 수는 없지만 탄수화물 과다 섭취가 의심되는 사람에게 이상적인 조언으로 보기는 어렵습니다. '당질 제한'이나 '글루텐 프리' 등을 우선으로 고려해야겠죠. 이게 바로 90퍼센트를 버려서라도 꼭 전달해야 하는 정보입니다. 나머지 정보는 그다음 우선순위에 맞게 전달해 가면 됩니다. 예를 들면 이렇게 조언할 수 있습니다.

"밀가루 음식을 줄이고 스쿼트를 병행해서 하반신 근육을 강화하면 더 효과적이에요. 인간의 근육은 대부분 하반신에 있기 때문에 하체 운동을 하면 신진대사가 좋아질 거예요."

꼭 필요한 정보를 전달했다면 상대방의 태도를 살피면서 "가능하면 비타민 B1 계열의 보충제도 먹어 보세요"라고 덧붙일 수도 있습니다. 이 순서는 다음의 우선순위로부터 도출한 것입니다.

우선순위 1. 식단 조절 → 밀가루 제한(글루텐 프리)
우선순위 2. 근력 운동 → 스쿼트
우선순위 3. 보충제 → 비타민 B1
우선순위 4. 유산소 운동 → 걷기

유산소 운동은 상대방이 받아들일 여유가 있어 보이면 전달하고, 그렇지 않으면 전달하지 않아도 되는 수준의 조언입니다. 이처럼 정보를 그룹별로 나눈 뒤 우선순위를 매기는 작업은 요약 과정에서 매우 중요합니다. 이 과정을 거치지 않고서는 상대방이 만족하는 정보는 전달할 수 없습니다.

상대방의 니즈를 늘 충족하는 사람은 정보를 정리하는 '그룹화 사고'와 정리된 정보 중 90퍼센트를 버려야 효과적인 '우선순위 사고'가 몸에 밴 사람입니다. 이 두 가지 능력을 강화하고 싶다면 평소에 선택이나 결단을 빠르게 내리는 연습을 추천합니다. 선택이나 결단을 내릴 땐 반드시 '그룹화 사고'나 '우선순위 사고'가 필요하기 때문입니다.

패밀리 레스토랑에서 빠르게 주문을 결정하든, 누군가의 권유에 재빨리 '예' 혹은 '아니오'라고 답을 하든 어떤 상황도 상관없습니다. 선택이나 결단을 할 때 일부러 제한 시간을 두면 요약하는 능력이 단련될 것입니다.

우선순위를 모르니까
횡설수설 말한다

당신의 회사가 고객으로부터 '프린터 고장'에 관한 연락을 받았다고
합시다. 다음은 당신과 고객의 대화 내용입니다.

당신: 네, 시부야구 카페 이안 님, 무슨 일이신가요?

고객: 프린터가 고장 났어요. 잉크를 교체해도 색이 흐려서 도저히 쓸 수가 없네
요. 저희는 매일 메뉴를 인쇄해야 해서 난감합니다. 검은색 잉크뿐만 아니
라 파란색, 빨간색, 노란색, 전부 바꿔도 인쇄가 안 돼요.

당신: 저희 회사 정품 카트리지를 사용하고 계신가요?

고객: 네, 항상 정품만 썼어요.

당신: 불편을 드려 죄송합니다. 혹시 어떤 기종을 사용 중이신가요?

고객: 음, T322프로라고 적혀 있네요. 제조 번호는 998080이에요. 색이 옅을 뿐만 아니라 군데군데 폭이 1센티미터 정도 되는 흰 선도 나와요. 1센티미터나 인쇄가 안 되면 곤란하죠. 도저히 안 되겠어요. 지금까지 이런 적은 한 번도 없었어요.

당신: 그러셨군요. 잘 알겠습니다. 헤드 노즐의 세척 기능이 탑재돼 있는데 혹시 시도해 보셨나요?

고객: 네, 몇 번 시도해 봤는데 조금도 달라진 게 없어요. 카트리지의 테이프는 확실히 제거하고 세팅했어요. 오늘 중으로 고쳐 주실 수 있나요?

당신: 수리 담당 부서에 확인한 후에 연락을 드리겠습니다. 등록된 가게 번호로 연락 드리면 될까요?

고객: 네, 기다릴게요. 저는 엔도라고 합니다. 가게가 오후 6시에 문을 닫고 7시에는 나가야 하기 때문에 그 전까지 수리해 주셨으면 해요.

당신: 알겠습니다. 다만 수리 팀의 상황에 따라 방문 시간이 내일로 미뤄질 가능성도 있습니다.

고객: 그건 좀 곤란한데요. 그럼 적어도 내일 아침 9시까지는 와 주실 수 있나요? 오전 중에 메뉴를 인쇄해야 하거든요.

당신: 알겠습니다. 어떻게 되든 확인 후에 연락을 드리겠습니다. 번거로우시겠지만 조금만 더 기다려 주세요.

자, 이 대화 후에 수리 담당 부서에 고객의 연락을 전달해야겠죠? 이때 요약을 못하는 사람이라면 이렇게 이야기할 것입니다.

"시부야구 카페 이안 님으로부터 프린터 고장과 관련해 연락을 받았습니다. 해당 고객은 헤드 노즐 클리닝도 시도해 봤고 카트리지의 테이프도 제거했는데 왜 글자가 흐리게 나오는지 모르겠다고 하네요. 어쨌든 오늘 밤 7시까지는 수리하러 와 달라고 하는데요. 고객님의 마음이 급하신 듯한데… 정 안 되면 내일 9시까지 와 달라고 합니다. 아, 그리고 가끔 폭이 1센티미터 정도 되는 선이 나오는 것이 가장 치명적인 문제인 듯합니다."

이런 전달 방식에는 낙제점을 줄 수밖에 없습니다. 요점을 파악하지 못했기 때문입니다. 우선 통화하며 얻은 정보를 제대로 그룹화하지 못한 것이 가장 큰 문제입니다. 가장 중요한 정보인 프린터의 증상, 즉 '글자가 흐리다'와 '폭이 1센티미터 정도 되는 선도 나온다'라는 정보가 서로 동떨어져 있습니다.

또한 마찬가지로 중요한 정보 중 하나인 '네 가지 색 모두 카트리지를 교체했다'는 점은 빼먹었습니다. 게다가 '고객의 마음이 급하다'라는 말은 수리 담당 기사에게 꼭 필요한 정보도 아닙니다.

이밖에도 '와 달라고 하는데요'처럼 쓸데없이 늘어지는 표현은 이야기를 더 장황하게 만드는 요인 중 하나입니다. 또한 '가장 치명적인 문제인 듯합니다'는 '사실'이 아니라 '견해'입니다. 자신의 견해를 마치 사실인 것처럼 말하는 사람은 요약하기 전에 이를 구분해서 말할 필요가 있습니다.

핵심을 절대 놓치지 않는
정보 정리법

앞선 상황을 수리 담당 부서에 잘 전달하려면 어떻게 요약해야 할까요? '그룹화 사고'와 '우선순위 사고'를 모두 구사할 수 있다면 전화로 주고받은 정보를 적절하게 보고할 수 있습니다. 우선 수집한 정보를 그룹화합니다.

① 프린터의 고장 상황
- 인쇄된 글자가 흐리게 나온다.
- 1센티미터 폭의 흰 선도 있다.

② 프린터의 용도

- 매일 가게의 메뉴를 인쇄하고 있는데 프린터가 고장 나서 곤란한 상황이다.

③ 프린터의 기종

- T322프로, 제조 번호는 998080이다.

④ 고객이 시도한 대책

- 카트리지(순정품)는 네 가지 색 모두 교체했다.
- 헤드 노즐의 클리닝 기능을 시도했다.
- 카트리지의 테이프를 벗기고 세팅했다.

⑤ 고객의 희망 수리 시간

- 오늘 저녁 7시까지 수리 희망(오후 7시에 가게를 나서야 함).
- 늦어도 내일 아침 9시까지 방문 요망.

⑥ 고객의 연락처

- 등록된 회사 전화번호.

이처럼 정보 수집을 끝낸 후에는 단편적인 정보를 그룹화하는 데 주력하고 그 후 아웃풋을 위해 우선순위를 명확히 정합니다.

　우선순위 1. ③ 프린터의 기종
　우선순위 2. ① 프린터의 고장 상황
　우선순위 3. ④ 고객이 시도한 대책
　우선순위 4. ⑤ 고객의 희망 수리 시간

　우선순위에서 제외한 정보는 '② 프린터의 용도'와 '⑥ 고객의 연락처'입니다. 이 정보는 수리 담당자에게 당장 필요하지 않은 정보입니다. 이처럼 추상 정보와 구체 정보를 오가면서 정보를 그룹화하고 우선순위를 명확히 하면 핵심만 정확하게 전달할 수 있습니다.

　"시부야구의 카페 이안 님으로부터 T322프로의 고장 연락을 받았습니다. 네 가지 색 모두 순정품 카트리지로 교체했음에도 글자가 흐리게 나오고, 군데군데 1센티미터 폭의 흰 선도 나온다고 합니다. 헤드 클리닝 기능도 시도했고 카트리지의 테이프도 벗겼다고 하네요. 고객은 오늘 22일 오후 7시까지 수리를 원하고 있습니다. 여건이 안 되면 늦어도 23일 오전 9시까지 가게에 와 달라고 합니다."

　이전보다 훨씬 일목요연합니다. 쓸데없는 정보가 없고 핵심이 명확합니다. 우선순위가 높은 '프린터의 고장 상황'과 '고객이 시도한 대책'을 빠짐없이 전달했고 고객의 희망 수리 일시를 덧붙였습니다.

이처럼 핵심을 놓치지 않고 요약하면 당신은 일을 수월하게 진행해주는 고마운 존재가 됩니다. 이런 사람은 당연히 주변 사람들에게 중요한 존재가 될 수밖에 없습니다.

• 정보의 유통 기한을 확인하라

뇌에 저장된 정보는 늘 갱신할 수 있어야 합니다. 특히 빠르게 변화하는 현대 사회에서는 정보가 금방 옛것이 되고 유통 기한도 점점 짧아지기 때문입니다. 정보는 생물입니다. 시시각각 변화하며 진화를 거듭합니다. 유통 기한이 지난 정보를 전달하면 '시대착오적이다', '근거가 부족하다'라고 여겨지기 쉽습니다.

• 과거의 요약 정보를 올바르게 다루는 법

신선도가 아주 조금 떨어져도 효과나 성과를 내기 어려운 정보가 있습니다. 예를 들어 5년 전에 도전해서 성공한 마케팅 기법 A를 현재 같은 조건에서 다시 적용했다고 합시다. 그렇지만 효과는 5년 전보다 3분의 1로 줄어들었습니다.

이때, 요약을 잘하는 사람이라면 마케팅 기법 A의 평가를 갱신할 것입니다. 마케팅 기법 A를 '과거의 기법'으로 봉인할 수도 있지만 새로운 결과를 검증 및 분석한 뒤 업데이트해서 다시 사용할 수도 있습니다. '마케팅 기법 A의 2.0 버전'으로 말이죠.

이것이 요약 정보를 올바르게 다루는 방법입니다. 5년 전에 성공했다는 이유만으로 마케팅 기법 A의 신뢰나 평가를 바꾸지 않는 것은 위험천만한 일입니다. 최신 정보와 결과를 대수롭지 않게 여기면 절대 핵심에 다가설 수 없습니다.

• 정보를 갱신하는 네 가지 과정

'정보는 생물'이라는 의식이 강한 사람일수록 하나하나의 정보에 다음과 같은 과정을 거쳐 갱신합니다.

과정 1. 그 정보가 유효한지 가설을 세운다.
과정 2. 1의 가설을 실천한다.
과정 3. 2의 실천 결과를 검증한다.
과정 4. 3의 결과를 바탕으로 정보를 수정한다.

이처럼 '가설→실천→검증→수정'을 반복하면서 정보의 질을 높일 수 있고 결국 정보의 신뢰도가 높아집니다.

상대방에게
간결하게
전달하라

""

유능한 사람일수록
과부족 없이 말한다

""

정보 수집과 정보 정리를 끝내면 남은 것은 요약의 기술 세 번째 단계인 '정보 전달', 즉 '다른 사람에게 전달하기'입니다. 그러나 다른 사람에게 전달하는 일이 익숙하지 않은 사람도 적지 않습니다. 모처럼 양질의 정보도 얻었고 정리도 잘해 됐는데 마지막 단계에서 막혀 버리면 너무 아깝지 않을까요? 전달을 못하는 사람에게는 두 가지 특징이 있습니다. 바로 '장황하게 말하기'와 '설명 부족'입니다.

(1) 장황하게 말하기파

장황하게 말하는 사람의 가장 큰 잘못은 상대방의 시간을 뺏는다는 점에 있습니다.

"알겠어, 알겠어. 그래서 이야기의 핵심이 뭐야?"
"그래서 결론이 뭐야?"
"그건 됐으니까 본론이 뭐야?"

이런 말을 자주 듣는 사람은 자신이 상대방의 시간을 뺏는 '장황하게 말하기파'임을 자각해야 합니다. 이들에게는 자신이 정한 '죽어도 꼭 말해야 하는 것' 외에는 말하지 않겠다는 각오가 필요합니다. 또한 그렇게 하기 위해서라도 2단계 '정보 정리'의 질을 높여서(즉, 그룹화한 정보에 우선순위를 매겨서) 머릿속을 깔끔하게 정리할 필요가 있습니다. 머릿속이 정리되면 '죽어도 꼭 말해야 하는 것'을 쉽게 결정할 수 있기 때문에 전달할 때 자신감이 생깁니다.

(2) 설명 부족파

한편, 설명이 부족한 사람의 가장 큰 잘못은 상대방에게 필요한 정보를 전달하지 않는다는 점에 있습니다.

"무슨 말이야?"
"응? 뭐가?"

"그건 누구 이야기야?"

"언제 적 이야기를 하는 거야?"

"더 구체적으로 말해 줄래?"

이런 말을 자주 듣는 사람은 '설명 부족파'일지 모릅니다. 이들은 이야기의 '전제'나 '큰 틀', 나아가 '주어'나 '목적어'를 자주 누락합니다. 그래서 듣는 사람이 이해하지 못하는 것입니다.

설명하는 자기 자신에게만 푹 빠져서 상대방에게 잘 전달됐는지조차 확인하지 않는 사람도 있습니다. '어쩌면 나도 설명 부족파일지 몰라' 하는 생각이 든다면 '이렇게 전해도 상대방이 이해할 것'이라는 무른 기대감을 버리고 꼭 '주어'와 '목적어'를 넣어서 이야기해 봅시다.

지루한 서론은
과감히 버려라

비즈니스 현장에서 지루한 서론은 금물입니다. 상대방이 원하는 것은 서론이 아니라 일을 진행시키기 위한 정보, 혹은 일에서 성과를 내기 위해 필요한 정보입니다.

다음은 출장을 다녀오고 상사에게 성과를 보고하는 장면입니다.

쓰지 과장: 자네, 오사카는 어땠나?

호리 씨: 아, 네. 별문제 없이….

쓰지 과장: 성과는 있었나?

호리 씨: 네. 처음에 A사의 본사에 갔다가 B기업과 C상사를 방문했습니다.

D시스템과는 미팅을 잡아 뒀는데 당일에 취소 연락을 받아서… 이번에는 아쉽게 됐지만 다음 달 또 고베에 갈 기회가 있으니까 그때라도….

쓰지 과장: 그래서 성과는 있었나?

만약 당신이 호리 씨처럼 말하고 있다면 주위 사람이 질려 버릴 가능성이 큽니다. 쓰지 과장의 "자네, 오사카는 어땠나?"를 해석한다면 "오사카에서 어떤 성과가 있었는가?"입니다. 그런데 호리 씨는 성과는 이야기하지 않고 하루 일과를 보고하고 있습니다. 쓰지 과장의 입장에서는 굳이 들을 필요가 없는 이야기입니다.

· 질문의 진의를 파악하는 것의 중요성 ·

질문의 진의를 파악하지 못하는 것도, 질문에 정확하게 대답하지 못하는 것도 비즈니스 퍼슨으로서는 치명적입니다. 전자는 정보 수집이, 후자는 정보 전달이 안 되는 상태입니다. 상대가 중요한 고객이나 거래처였다면 클레임이나 신용 실추로 이어질 수 있습니다.

만약 호리 씨가 쓰지 과장이 한 질문의 진짜 의도를 파악했다면 이렇게 보고했을 것입니다.

쓰지 과장: 자네, 오사카는 어땠나?

호리 씨: 네. 이번에 방문한 3사 중 B기업과 C상사가 관심을 보여서 가까운 시일 내에 프레젠테이션 미팅을 마련하기로 했습니다. A사는 자세한 상품 데이터를 원해서 이번 주 중에 보내기로 했고, 필요하다면 프레젠테이션도 하기로 했습니다.

쓰지 과장: 그렇군. 수고했구먼. 계속해서 잘 부탁하네.

지루한 서론도 없고 쓰지 과장이 원하는 답을 파악했습니다. 그 덕분에 정확하게 '오사카에서 어떤 성과가 있었는가'라는 가장 중요한 정보를 전달할 수 있었죠. 참고로 쓰지 과장이 더 간결한 대답을 원한다면 한 번 더 요약해서 대답해도 좋습니다.

호리 씨: 네. 이번에 방문한 3사 중 두 곳에서 프레젠테이션을 하기로 했습니다. 다른 한 곳에서도 프레젠테이션을 할 기회를 얻을 수 있도록 예의 주시하며 교섭 중입니다.

구체적인 회사명을 생략해서 조금 추상적이지만 보고는 훨씬 간결해졌습니다. 요약이 얼마만큼 필요한지는 쓰지 과장이 얼마만큼의 정보를 원하는지에 달려 있습니다. 상대방의 니즈에 맞게 요약의 양과 추상화 혹은 구체화 수준을 결정합시다.

" '줄기→가지→잎'의
순서로 말하라 "

갑자기 사건의 일부분이나 사소한 에피소드를 이야기하는 사람이 있습니다. 이들에게는 당장 전달하고 싶은 이야기겠지만 듣는 입장에서는 뜬금없는 말이라 이해하기 어렵습니다. 그 주제에 관한 기초 지식이 없다면 더더욱 이야기를 따라갈 수 없을 것입니다. 듣는 사람은 전체적인 이야기를 알고 싶어 합니다.

예를 들어 당신의 지인이 이런 이야기를 꺼냈다고 합시다.

지인: 제가 은행에서 허가를 받았어요. 정말 한시름 놨죠. 요즘 시대는 은행도 힘드니까 얼마나 걱정이었는지. 담당자가 좋은 사람이라서 꽤나 힘을 써

줬거든요.

당신은 지인이 무슨 이야기를 하고 있는지 전혀 모를 것입니다. 기다리다 지친 당신은 이렇게 묻습니다.

당신: 음? 무슨 이야기죠?

지인: 아니, 지금 사는 집이 너무 좁아서 여기저기 알아보고 있었어요.

당신: 알아본다고요? 아, 집이요?

지인: 네. 도쿄에 신축 아파트를 발견해서요.

당신: 아, 그래서 은행 대출을 받았다는 이야기였군요.

지인: 맞아요.

지인은 말하는 내내 기뻐하고 있지만 자신의 말이 알아듣기 힘들다는 점은 깨닫지 못하고 있습니다. "음? 무슨 이야기죠?"라고 묻고 나서야 "아니, 지금 사는 집이 너무 좁아서~" 하며 이야기의 전체 그림을 보여 줬습니다. 가장 먼저 해야 할 말이 '아파트를 사는 것'과 '은행 대출을 받았다'라는 점을 모르고 있습니다. '죽어도 꼭 말해야 하는 것'에 대한 의식이 무서울 정도로 낮은 상태입니다.

· 꼭 말해야 할 핵심은 '줄기'다 ·

다른 사람에게 어떤 정보를 전달할 때의 기본은 '줄기→가지→잎'입니다. '줄기'는 전체 그림, 즉 '죽어도 말해야 하는 것'입니다. '가지'와 '잎'은 줄기의 내용을 구체적으로 설명한 상세 정보입니다.

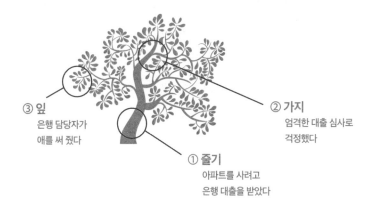

③ **잎**
은행 담당자가
애를 써 줬다

② **가지**
엄격한 대출 심사로
걱정했다

① **줄기**
아파트를 사려고
은행 대출을 받았다

지인: 제가 도쿄에 있는 신축 아파트를 사기로 했어요. 게다가 오늘 은행 대출 심사까지 통과했지 뭐예요.

당신: 오, 축하드려요!

지인: 고마워요. 요즘은 대출 심사가 엄격해서 걱정했는데 이제 한시름 놓았어요. 은행 담당자가 좋은 사람이라서 애를 써 줬거든요.

당신: 그거 참 잘됐네요.

줄기(죽어도 꼭 말해야 하는 것)를 먼저 전달하고 가지와 잎 순서로 이야기하자 훨씬 알기 쉬워졌습니다. 이야기가 수박 겉핥기 식으로 진행된 앞선 대화와는 다르게 이번 대화는 착착 진행됩니다. 그 정도로 '무엇을' '어떤 순서로' 전달할 것인지가 중요하다는 뜻입니다.

물론 예외도 있습니다. 일본의 유명 개그맨인 마쓰모토 히토시의 인기 방송 〈썰렁하지 않은 이야기〉는 출연진들이 구체적인 에피소드부터 이야기하는 경우가 대부분입니다. 이를 '에피소드 토크'라고 합니다. 그러나 에피소드 토크는 마지막에 큰 웃음을 터뜨리기 위해서 필요한 방송의 장치입니다. 시청자 역시 '마지막에 어떤 결말이 기다리고 있을까?', '얼마나 재미있는 이야기일까?' 하고 기대하며 이야기를 듣습니다.

그러나 비즈니스 현장에서 에피소드 토크가 필요한 상황은 거의 없습니다. 애초에 방송인들에게는 듣는 사람을 푹 빠지게 만드는 '화술'이 있기에 특수한 경우라고 할 수 있습니다.

어떤 질문도 딱 한마디로
대답하는 법

'죽어도 꼭 말해야 하는 것'을 의식하려면 평소에 '한마디'로 표현하는 습관을 들여야 합니다.

"당신의 회사의 매력은 무엇입니까?"

"당신이 중요하게 생각하는 가치관은 무엇입니까?"

"한국이라는 나라의 장점은 무엇입니까?"

"당신에게 돈이란 어떤 존재입니까?"

어떤 질문도 상관없습니다. 중요한 것은 이 질문들에 '한마디'로 답하는 것입니다. 이 한마디는 곧 일이나 사건의 '가장 중요한 핵심'입니다. 무엇이든 한마디로 말하는 습관을 들이면 핵심을 말할 수 있게 됩니다.

2단계에서 언급한 그룹화 사고가 '구체화 사고'라면, 한마디로 표현하는 작업은 '추상화 사고'입니다. 예를 들어 "당신의 회사의 매력은 무엇입니까?"라는 질문에 다음과 같은 대답을 했다고 합시다.

- 고객 서비스가 훌륭하다.
- 고객의 만족도와 충성도가 높다.
- 사원끼리 아낌없이 협력하는 '공생 지향'의 사풍 덕분에 마음이 편안하다.
- 복리 후생이 후하다.

장점 하나하나를 나열한 구체적 정보입니다. 만약 이 모든 것을 요약해서 '한마디'로 표현하고 싶다면 어떻게 할까요? 구체 정보를 묶어서 추상화해야 합니다. 추상화는 사물의 본질을 파악하는 작업입니다.

'고객과 사원 모두를 만족시키는 회사.'

이렇게 추상화할 수 있다면 합격입니다. 실제로 상대방에게 이야기할 때는 "우리 회사는 고객과 사원 모두를 만족시키는 회사입니다"라고 전달할 수 있습니다. 그리고 나서도 계속 말을 이어가도 좋은 상황이라면 구체 정보를 덧붙입니다.

"고객 서비스가 철저해서 높은 고객 만족도와 충성도를 자랑합니다. 한편, 사원끼리 아낌없이 협력하는 '공생 지향'의 사풍 덕분에 마음이 편안하고 복리 후생도 훌륭합니다."

이것 역시 '줄기→가지→잎'의 순서로 전달한 방식입니다. 정보가 아무리 많아도 요약이 습관화된 사람은 단 한마디로 정보의 핵심을 전달할 수 있습니다.

전달을 잘하는 사람은 어떤 기획을 제안하든 단 한마디로 그 기획의 취지를 전달할 수 있습니다. 가령 당신이 상사에게 "이번 프로젝트의 목표는 무엇인가?"라는 질문을 받았다고 합시다. 당신이 "최근 여성 라이프 스타일이 다양해져서~"와 같이 배경부터 장황하게 설명한다면 이미 그 시점에서 아웃입니다.

반면 "목표는 40대 주부층의 인지도 확대입니다"처럼 꼭 말해야 하는 정보만 전달한다면 상사는 당신의 보고를 높이 평가할 것입니다. 자세한 설명이 필요해도 우선 '한마디'를 전달하고 난 후에 덧붙이는 게 좋습니다.

물론 한마디로 다 표현하지 못하는 순간도 있을 것입니다. 그럴 때는 이야기를 시작하기 전에 "상황이 다소 복잡하기 때문에 정리하면서 전달하겠습니다"와 같은 양해의 말을 덧붙여 봅시다. 이런 서론을 듣는 것만으로도 상대는 안심하고 그다음에 이어질 이야기에 쉽게 집중할 수 있습니다. 다만, 서론이 장황해지지 않도록 주의해야 합니다.

참고로 말하면, 이 양해의 말 역시 '내가 정보를 제대로 정리하지 않았다'는 상태를 한마디로 정리한 훌륭한 요약입니다.

만능 대화법
'용건+결론 우선형'

보고, 연락, 상담부터 프레젠테이션이나 스피치까지 모든 비즈니스 상황에서 사용할 수 있는 대화 형식을 소개하겠습니다.

먼저 '용건+결론 우선형'입니다. 이들은 다음과 같은 순서로 이야기를 전달합니다.

① 용건: 지금부터 이야기하는 사건의 전체 상
② 결론: 전달하고 싶은 핵심(죽어도 꼭 말해야 하는 것)
③ 이유: 결론의 이유
④ 상세: 결론에 대한 상세

①~④의 순서로 전달하면 듣는 사람이 쉽게 이해할 수 있습니다.

다음은 신형 다기능 가방 '스마트 비즈니스'의 TV 광고 기획을 상사에게 제안하는 장면입니다.

A씨(구성을 생각하지 않고 전달)

요즘 스페이스 탄산수가 유행하고 있습니다. 저도 푹 빠져서 애용하고 있는데요. 미네랄워터의 매출이 전체적으로 떨어지고 있지만 탄산수는 발매 후부터 줄곧 매출이 늘고 있습니다. 톡톡 쏘는 상쾌함이 끝내준다고 할까, 아니, 이건 어디까지나 개인적인 의견이지만 '스마트 비즈니스'의 이미지와도 잘 맞지 않을까 생각합니다. 아, 그리고 포만감이 있어서 점심 먹을 시간이 없을 때도 요긴하고….

B씨('용건+결론 우선형'으로 전달)

과장님, '스마트 비즈니스'의 광고 제작 건 말인데요.(용건) C사의 '스페이스 탄산수'와 제휴를 맺으면 어떨까요?(결론) '스페이스 탄산수'는 유능한 비즈니스 퍼슨들에게 인기를 모으고 있습니다. '스마트 비즈니스'와 '스페이스 탄산수'를 한 화면에 넣으면 타깃 층의 흥미를 불러일으킬 수 있을 거라고 생각합니다.(이유) 구체안으로는, 남성 모델이 '스마트 비즈니스'에서 노트북을 꺼낼 때 가방 안에 숨겨둔 '스페이스 탄산수'를 비춥니다. 혹은 모델이 오른손에는 '스마트 비즈니스', 왼손에는 '스페이스 탄산수'를 들고 오피스 거리를 힘차게 걷는 아이

디어도 있습니다. (상세)

   A씨는 이야기의 흐름을 생각하지 않고 자신이 하고 싶은 이야기를 제멋대로 늘어놨습니다. A씨 스스로도 이야기의 핵심을 모르기 때문에 듣는 사람의 머리 위에 물음표가 떠오릅니다. 상사에게 "무슨 이야기를 하고 싶은 건가"라고 꾸지람을 들어도 어쩔 수 없습니다.

   반면 '용건+결론 우선형'으로 전달한 B씨의 이야기는 논리정연하고 쉽게 이해됩니다. 무엇보다 이 광고에서 무엇을 표현하고 싶은지 확실히 알 수 있습니다.

   이 예시에서 가장 중요한 부분은 '용건'과 '결론'입니다. 이 두 가지를 전달하면 상대방은 이야기의 윤곽을 잡을 수 있습니다. 용건과 결론은 '줄기→가지→잎' 중 줄기에 해당하는 부분입니다.

   또한 결론에서 없어서는 안 되는 존재가 바로 '이유'입니다. 결론 직후에 맥이 통하는 이유를 덧붙이면 논리성이 유지되고 결론의 설득력이 높아집니다. 이유는 가지에 해당하는 부분입니다.

   그리고 잎에 해당하는 부분이 '상세'입니다. 구체적인 예시나 체험, 사례 등을 전달합니다. 관련 데이터나 보충 사항이 있다면 상세 부분에 넣습니다. 이는 용건, 결론, 이유에 비해 자유롭게 덧붙일 수 있는 부분입니다.

·더 자세한 설명을 이어 가는 법·

더 나아가 이야기를 심화할 때는 '상세→상세 1→상세 2'와 같이 자세한 정보를 덧붙여 나갑니다. 다음은 앞서 B씨의 이야기를 계속 이어 나간 예시입니다.

"참고로 광고 모델의 첫 번째 후보는 드라마에서 유능한 세일즈맨을 연기한 젊은 배우 XXX씨입니다. 여성뿐만 아니라 남성들에게도 높은 호감을 얻고 있다는 점에서 모델로 딱 들어맞습니다.(상세 1) 또한 광고 제작은 젊은 영상 크리에이터 집단인 '스타 피쉬'에서 카메라 감독과 영상 감독을 섭외하는 것을 검토하고 있습니다.(상세 2)"

만약 상세 내용부터 이야기했다면 어떨까요? 아마 상사는 이야기의 핵심을 파악하지 못하고 스트레스를 느꼈을 것입니다.

요약을 잘하는 사람은 일할 때뿐만 아니라 일상적인 대화에도 자연스럽게 '용건+결론 우선형'을 사용합니다.

"오늘 점심 말이야,(용건) 역 앞에 있는 야마다 정식에 가 볼래?(결론) 오늘이 오픈 5주년 기념일이라 모든 정식을 5,000원에 판대.(이유) 그 집에서 파는 돼지고기 생강구이 정식이 기절할 정도로 맛있어.(상세 1) 밥하고 된장국이 무한 리필인 것도 대식가인 우리한테 딱이야.(상세 2)"

    이야기가 자주 옆길로 새는 사람, 두서없이 말하는 사람, 다른 사람과 대화할 때 "대체 무슨 말이 하고 싶은 거야?"와 같은 말을 자주 듣는 사람이라면 이처럼 일상생활에서 용건과 결론부터 말하는 연습을 해 봅시다.

" 할 말이 많아도
문제없는 '열거형' "

비즈니스 현장에서 사용하면 편리한 또 다른 대화 형식은 '열거형'입니다. 열거형은 여러 가지 정보를 정리해서 전달할 때 유용합니다.

① 전체 상: 몇 가지 포인트가 있는가?

② 열거 1: 첫 번째 포인트는 무엇인가?

③ 열거 2: 두 번째 포인트는 무엇인가?

④ 열거 3: 세 번째 포인트는 무엇인가?

⑤ 정리

열거형의 가장 큰 특징은 먼저 전체 상을 보여 준다는 점입니다. 이 전체 상에서 '전달하려는 포인트'의 개수를 드러냅니다. 요령은 다음과 같습니다.

- 이 문제의 대응책은 <u>두 가지</u> 있습니다. 첫 번째는 ~
- 당신에게 <u>두 가지</u> 보고와 <u>한 가지</u> 제안을 하려 합니다. 우선 첫 번째 보고 내용은 ~
- 저희 회원 서비스의 이점은 <u>다섯 가지</u>입니다. 첫 번째는 ~

· 전체를 예고한 뒤 차근차근 설명하기 ·

다음은 회의에서 신입 직원의 연수를 '합숙 형태'로 제안하려는 두 사원의 전달 예시입니다.

A씨(구성을 생각하지 않고 전달)

합숙 형태의 신입 직원 연수라 하면, 집에 돌아가지 않으니까 불규칙한 생활을 해 온 사람들에게 도움이 되지 않을까요? 절차탁마할 토양을 다질 수 있고, 마음의 거리가 좁혀지고, 필요한 지식을 효율적으로 배울 수 있습니다. 그리고 일찍 자고 일찍 일어나는 습관을 들일 수 있습니다. 정해진 시간에 조식을 다함께 먹기 때문이죠. 사내 회의실에서 연수를 진행하면 소음이 발생하기 때문에 집중력이 흐트러지기 쉽습니다. 그리고 조식을 함께 먹으면 마음의 거리가 좁혀지고 일체감도 높아지고요.

B씨('열거형'으로 전달)

합숙 형태로 신입 직원 연수를 하면 이점은 세 가지입니다.(전체상) 첫째, 업무에 필요한 지식을 효율적으로 배울 수 있습니다. 만약 연수를 사내 회의실에서 진행하면 소음이 발생하기 때문에 집중력이 흐트러지기 쉽습니다. 또한 매일 집에 돌아가면 집중력이 떨어지고 배운 것을 금방 잊기 쉽습니다.(열거 1) 둘째, 규칙적인 생활을 보낼 수 있습니다. 스케줄이 정해져 있어 학창 시절에 불규칙한 생활을 해 온 사람도 바른 생활 습관을 몸에 익힐 수 있을 것입니다.(열거 2) 셋째, 동기끼리의 친분이 두터워집니다. 조식을 함께 먹으면 마음의 거리가 좁혀지고 일체감이 높아집니다. 서로 도우면서 절차탁마하는 토양도 다질 수 있습니다.(열거 3) 이런 이유로 합숙 형태의 신입 직원 연수를 제안합니다.(정리)

A씨의 이야기는 필요한 정보는 담겨 있지만 뒤죽박죽이라 알아듣기 어렵습니다. 순서를 전혀 고려하지 않았기 때문이죠.

반면 '열거형'을 활용한 B씨는 먼저 "이점은 세 가지입니다"라고 전체 상을 먼저 보여 준 후 세 가지 포인트를 이야기합니다. 듣는 사람의 입장에서는 처음에 전체 상을 파악할 수 있어서 마음이 편안합니다.

또한 포인트별로 정리해서 이야기하기 때문에 이해하기 쉽고 스트레스도 느끼지 않습니다.

물론 전체 상을 보여 주려면 이야기할 정보를 미리 정리해 둘 필요가 있습니다. 즉, 그룹화 사고와 우선순위 사고를 모두 마친 상태여야 합니다. 정보가 정리돼 있지 않으면 애초에 열거형은 활용할 수 없고 결국 이야기는 어수선해집니다. 당연히 정보를 빠뜨리거나 잡음이 생기기도 쉽겠죠.

질문이나 확인을 할 때도 '열거형'은 유용합니다. 예를 들어 '두 가지를 확인하려 합니다'라고 전체 상을 말한 후에 '첫 번째는~'이라고 이어 말하면 상대방이 대답을 준비하기가 수월합니다. 만약 이런 예고가 없다면 어떨까요? 첫 번째 질문을 마친 후 없이 갑자기 생각난 것처럼 '아, 그리고 한 가지 더 질문이 있습니다'라고 이야기하면 상대방이 스트레스를 느끼기 쉽습니다.

열거형은 매우 편리하지만 전달하려는 정보가 10개, 15개씩 되면 상대방이 전부 다 알아듣지 못합니다. 각각의 포인트가 흐려져서 기억에 남지 않기 때문입니다. 그러므로 말로 전달할 땐 3개에서 5개, 글로 전달할 땐 최대 7개까지로 정리합시다.

열거형을 활용하면 주위 사람에게 '이 사람은 정보를 잘 정리한다',

'이 사람은 일을 잘한다'고 평판이 나서 신뢰와 신용을 얻기 쉽습니다.

앞서 소개한 '용건+결론 우선형'과 함께 활용하는 것을 추천합니다.

애매한 표현은 빼고
구체적인 키워드를 넣어라

영어나 중국어는 주어 다음에 곧바로 서술어가 옵니다. 그래서 영어처럼 'I like this way_(나는 이 방식을 좋아한다)'라고 말하면 의미가 명확합니다. 반면 한국어는 돌려 말하는 경우가 있습니다.

"저는 이 방식에 대해서 생각하는 바가 있는데, 좋고 나쁘고를 말하기에는 약간 곤란한 측면이 있지만, 개인적으로 싫지는 않습니다."

이렇게 되면 주어가 서술어와 멀어지기 쉽고, 때론 생략되는 경우도 생깁니다. 또한 한국어에는 애매한 표현도 굉장히 많습니다.

애매함을 조장하는 한국어 표현 예시

- ~인 것 같습니다.
- ~하지 않는다고 단정할 수 없습니다(이중 부정).
- ~인 듯합니다.
- ~가 아닐까 생각합니다.
- ~같은 느낌인가요?
- ~같은 경우도 있을 수 있습니다.
- 적당히/우선/잠시/일단/무난하게/가볍게/좋은 느낌으로 진행해 주세요.

좋든 싫든 이것은 한국어의 특징입니다. 그러나 모든 비즈니스 현장은 명확한 판단과 의사소통을 요구합니다.

물론 이 말들이 절대적으로 틀렸다는 것은 아닙니다. 때로는 이런 애매함이 가족 관계, 인간관계에서 충돌 없이 문제를 해결하기도 합니다. 문학이나 예능, 영화, 예술 등의 분야에서 완곡한 표현이 필요한 경우도 많습니다.

하지만 이 책이 무게를 두는 곳은 신속하고 명확하게 말과 글을 전달해야 하는 '비즈니스 현장'입니다. 회의부터 프레젠테이션까지 의사소통이 중요한 비즈니스 현장에서는 애매함 없이 정보를 알기 쉽게 전달하는 사람이 현장의 주도권을 잡고 존재감을 드러낼 수 있습니다.

· '구체적인 숫자'와 '고유 명사'로 보충하기 ·

"과장님, 내일은 인원수가 약간 줄어듭니다. 시간은 어떻게 할까요?"

요약을 못하는 사람이 말하는 방식입니다. 내일 어떤 일이 있다는 걸까요? '약간'은 어느 정도를 말하는 걸까요? '시간은 어떻게 할까요'는 어떤 의미일까요? 핵심을 파악하기가 어려워서 질문을 받은 과장님은 신경이 곤두설지도 모릅니다.

"과장님, 내일 영업 강화 미팅 참가자는 두 명 줄어서 총 다섯 명입니다. 시간은 11시에서 11시 반으로 정해도 괜찮을까요?"

이렇게 구체적으로 전달하면 과장님을 화나게 하는 일은 없을 것입니다. 전자와의 차이는 다음 두 가지입니다.

① 부족한 말을 보충했다.
② '숫자'와 '고유 명사'를 사용했다.

이 두 가지를 의식하기만 해도 전달력이 훨씬 좋아집니다. 다음은 구체적인 숫자와 고유 명사를 이용해서 전달력을 높인 예시입니다.

"공항에서 조금 떨어져 있습니다."

→ "인천 공항에서 택시로 20분 정도 걸립니다."

"반입처가 변경됐으니 잘 조정해 주세요."

→ "사보의 반입처가 회의실 A에서 창고 C로 변경됐습니다. 담당 직원에게 연락 부탁드립니다."

"적잖은 손해가 날 것입니다."

→ "최대 2억 원의 손실이 날 것입니다."

"가능한 한 빨리 보내 주시기 바랍니다."

→ "6월 3일 정오까지 보내 주시기 바랍니다."

"저희 회사는 빠른 속도로 세계화를 진행해 왔습니다."

→ "저희 회사는 불과 3년 만에 동남아시아를 중심으로 총 9개국에 교육 시스템을 도입했습니다."

"그 문제가 해결되지 않으면 곤란해집니다."

→ "군마 공장의 가동률을 30% 이상으로 높이지 않으면 상품 공급에 차질이 생깁니다."

하고자 하는 말을 잘 전달하지 못하는 사람은 '자신이 알고 있는 것을 상대방도 알고 있을 것'이라고 착각합니다. 하지만 실무와 관련된 대화에서는 적극적으로 말을 보충하고 의식적으로 구체적인 숫자와 고유 명사를 사용해야 합니다. 아무리 요약을 잘해도 상대방이 이해하지 못하면 의미가 없습니다. 중요한 것은 상대의 능력(지식 수준, 이해력, 상상력 등)을 과신하지 않는 것입니다. 오히려 '조금 의심하며 접근하는 정도'가 '딱 좋은 정도'입니다.

" 상대방이 이해했는지를
꼭 확인하라 "

다른 사람에게 정보를 전달할 때는 '상대방이 내 말을 이해했는지' 확인해야 합니다. 나는 잘 전달했다고 생각했지만 상대가 이해하지 못하거나 말을 오해했다면 아쉽게도 당신의 전달은 실패한 것입니다. 확인하기는 전달에 실패하지 않는 방법 중 하나입니다. 다음은 확인의 예시입니다.

- 지금까지 한 이야기에서 이해되지 않는 부분이 있나요?
- 여기서 불명확한 점이 있었나요?
- 지금까지 드린 이야기에 질문은 없나요?

- 이 사항에 대해 이해했나요?

·내 말을 듣는 상대방의 표정을 살펴라·

다음은 주택 건설 업체의 영업 사원이 고객에게 정보를 전달하는 상황입니다.

영업 사원: 이 모델 하우스에는 다양한 IoT 가전이 표준 장비돼 있습니다. 이런 주택은 앞으로 증가할 것으로 예상됩니다.

고객: ….

영업 사원의 이야기를 들은 고객은 'IoT 가전'이 뭔지 몰라 표정이 어두워졌습니다. 그러나 영업 사원이 아랑곳하지 않고 이야기를 이어 갔기 때문에 고객은 약간 불만을 느꼈습니다. 우리 주변에는 이런 불통이 빈번하게 일어나고 있습니다. 만약 고객의 표정이 어두워진 것을 눈치채고 상대방에게 확인했다면 어땠을까요?

영업 사원: 이 모델 하우스에는 다양한 IoT 가전이 표준 장비돼 있습니다.

고객: ….

영업 사원:　아, 혹시 IoT 가전에 대해서는 알고 계신가요?

고객:　아니요, 잘 몰라요.

영업 사원:　IoT는 인터넷에 접속된 가전을 말합니다. 예를 들어 리모컨이 없어도 스마트폰을 이용해서 가전을 조작하고 관리할 수 있는 시스템이 있습니다.

　이처럼 요소 하나하나를 되묻는 것은 상대방을 확실하게 이해시킬 때 매우 유용한 방법입니다. 상대방에게 확인했을 때 "모릅니다", "잘 알지 못해요", "뭔지 잘 모르겠어요", "○○가 뭔가요?", "들어 본 적은 있는데" 등의 대답이 돌아오면 설명을 보충하면 됩니다.

　이때, 상대방이 이해했음에도 불구하고 반복해서 확인하는 것도 주의해야 합니다. 이는 오히려 상대방을 거북하게 만들 수 있습니다. 그러므로 듣는 사람의 말뿐만 아니라 맞장구를 치는 모습, 표정, 어조, 태도 등의 비언어에서 나오는 시그널에도 주의를 기울입시다.

" 1초 만에 요점을 파악하는
2가지 조건 "

일상적인 대화를 할 때도 순간적으로 요약이 필요한 경우가 있습니다. 특히 상대방과 대화하다가 질문을 받았다면 재빨리 머리를 굴려서 '정보 수집하기(질문 의도 파악하기)→갖고 있는 정보 정리하기→정보 전달하기' 과정을 진행해야 합니다. 실시간으로 이뤄지는 대화에서야말로 그 사람의 진정한 요약력이 시험대에 오르게 됩니다. 다음 대화는 허리 통증에 좋은 치료기 제조사의 판매 직원과 고객의 대화입니다.

고객: 이 전자 치료기를 사용할 때 손으로 뭔가를 만지면 안 되나요?
판매 직원: 아니요, 상관없습니다.

고객:	정말인가요? 스마트폰을 만져도 괜찮은가요?
판매 직원:	아, 스마트폰 같은 경우는… 괜찮을 때도 있고 안 될 때도 있습니다.
고객:	그게 무슨 말이죠?
판매 직원:	허리 아래쪽을 치료할 때는 손에 전류가 흐르지 않기 때문에 스마트폰을 만져도 문제없습니다.
고객:	그럼 책을 읽는 건요?
판매 직원:	책은 언제든 읽어도 상관없습니다.
고객:	찌릿찌릿하지는 않겠죠?
판매 직원:	네, 괜찮습니다.

혹시 당신도 이 판매 직원처럼 말하고 있진 않나요? 이 직원에게 필요한 것은 상대방의 질문 의도를 빠르게 파악하고 정확하게 대답하는 능력입니다. 고객의 첫 질문인 "이 전자 치료기를 사용할 때 손으로 뭔가를 만지면 안 되나요?"에 "아니요, 상관없습니다"라고 대답했지만, 그 후에 괜찮지 않은 경우가 드러나면서 대화가 늘어졌습니다. 이 판매 직원은 요약을 잘하는 사람으로 보기 어렵습니다. 같은 상황에서 이상적인 대화는 어떻게 흘러갈까요?

고객:	이 전자 치료기를 사용할 때 손으로 뭔가를 만지면 안 되나요?
판매 직원:	물건에 따라 다릅니다. 스마트폰 같은 전자 기기는 허리 아래쪽을

치료할 때는 문제없이 사용할 수 있지만, 허리 위쪽을 치료할 때는 손가락까지 미약한 전류가 흐릅니다. 고장의 원인이 되기도 하니 가급적 사용하지 말아 주세요. 참고로 전자 기기가 아닌 책이나 잡지는 언제든 만져도 괜찮습니다. 찌릿찌릿해지는 일도 없습니다.

이런 대답이라면 상대방도 단번에 납득하고 만족할 것입니다. 대화를 주고받는 횟수도 적어서 경제적입니다. 대화가 원활하게 진행되려면 다음 두 가지 능력이 필요합니다.

① 질문의 의도를 '정확하게 읽는 힘'
② 질문에 '정확하게 대답하는 힘'

둘 중 하나라도 없으면 안 됩니다. 상대방이 원하는 정보를 정확하게 전달하는 일은 이 두 가지를 최대한 발휘했을 때 도달할 수 있습니다. 당신이 아무리 양질의 정보를 갖고 있어도 상대방이 질문한 의도를 완전히 읽지 못하면, 혹은 그 질문에 정확히 대답할 수 없다면 가진 보물을 썩히는 꼴이 됩니다.

또한 중요한 대답을 보류하고 "사실 이 전자 치료기에는 재미있는 특징이 있는데요" 하며 쓸데없는 배경이나 장황한 서론을 이야기하는 것은 금물입니다. '죽어도 꼭 말해야 하는 것'을 가장 먼저 전달해야 합니다. 핵심을 뒤로 미루면 '이 사람은 잘 모르는 게 아닐까?', '이 사람은 나를 속이려고 하는 게 아닐까?' 하고 의심받게 됩니다.

도저히 질문에 대답할 수 없을 때는 "죄송합니다. 제가 잘 모르는 부분이라 당장 대답하기가 어렵습니다. 조금 더 알아보고 나서 잠시 후에 말씀드리겠습니다"라고 정직하게 전달합시다. 엉터리로 둘러댔다간 신용만 잃을 것입니다.

신문 기사는
어떻게 요약할까?

더 잘 전달하기 위해선 어떤 연습을 해야 할까요? 책이나 뉴스에 적힌 문장을 요약하는 연습은 요약력을 기르는 데 탁월합니다. 다음은 약 1,000자 뉴스 기사입니다. 지금부터 이 기사를 약 200자로 요약하는 연습을 해 봅시다.

[신형 코로나 바이러스] 일제 휴교로 아이와 부모가 함께 읽을 수 있는 '역사서' 수요가 4~5배 급증한 이유(2020년 3월 17일, 다이아몬드 온라인)

1. 신형 코로나 바이러스가 경제에 미치는 영향이 걱정되는 요즘 마스크나 화장실 휴지 외에 매출이 급상승한 의외의 상품이 있다. 초중고등학교가 임시

휴교하자 아이를 데리고 서점을 찾는 사람이 급증해 아동서, 학습 참고서가 팔리고 있는 것이다.

2. 그중에서 인기 있는 책은 만화나 일러스트를 활용한 재미있는 역사서다. '에도 막부를 만든 도쿠가와 이에야스는 사실 전쟁이 무서워서 똥을 싼 적이 있다'처럼 재미있는 에피소드가 실린 다이아몬드 출판사의 《동경대 교수가 알려 주는 재미있는 일본사》는 문부과학성이 교육위임회에 휴교 요청 통지를 한 2월 28일, 판매액이 전일 대비 2배, 29일은 4배에 이르러 갑자기 2만 부를 중쇄하기로 했다. 같은 시리즈인 《재미있는 세계사》도 1만 부를 중쇄하기로 해서 시리즈 누계 46만 부가 됐다.

3. 다이아몬드 출판사의 마케팅 담당자는 "밖에 나갈 수 없는 아이들이 하루 종일 게임이나 유튜브에 빠지지 않도록 조금이라도 지식이 쌓이는 책을 읽히고 싶은 부모의 마음이라고 생각합니다. 또한 휴교로 손자를 보살피게 된 할아버지, 할머니가 재미있는 역사서를 손자와 함께 읽고 이야기를 나누고 싶어 한다고 들었습니다"라고 전했다.

4. 아이들을 위한 역사 만화 중에서 2월 29일 판매액이 전전일 대비 6배에 이른 책은 실업지일본사의 《네코네코 일본사》다. '만약 일본의 위인들이 고양이였다면?'이라는 콘셉트로 쇼토쿠 타이시, 오다 노부나가, 사카모토 료

마가 귀여운 고양이로 그려진 시리즈 누계 100만 부의 인기 만화다. 현재 NHK 교육 방송 채널에서 애니메이션으로 방송되고 있으며, 2월 22일부터 영화관에서 극장판 애니메이션 〈영화 고양이 일본사 료마의 시간 여행〉도 공개됐다.

5. 실업지일본사의 편집 담당자는 "2월 극장판 공개에 맞춰 각 서점에서 전시회를 연 덕분에 휴교 중인 아이들을 위해 1~8권 전권 세트를 구입하는 부모가 많다고 들었습니다. 캐릭터가 귀여워서 아이들에게 인기가 뜨거운 《네코네코 일본사》는 예리하면서도 유머러스해서 어른들에게도 인기 있는 작품입니다. 이 기회에 아이들이 역사를 좋아하게 되길 바라는 부모의 수요도 있는 게 아닐까요? 편집부로 날아든 팬레터를 읽어 보면 《네코네코 일본사》 덕분에 역사에 빠진 아이와 함께 역사 드라마를 보거나 성 순례를 즐기게 됐다는 부모가 많습니다"라고 말했다.

6. 《동경대 교수가 알려 주는 재미있는 일본사》와 《네코네코 일본사》 모두 기본은 개그가 메인으로, 책장을 넘길 때마다 웃음이 나오는 구성으로 이뤄져 있다. 공통의 취미로 부모와 아이 사이가 더 끈끈해지고 함께 웃어서 면역력도 높일 수 있다면 외출하지 못해서 받는 스트레스도 극복할 수 있을지 모른다.

·필요 없는 정보는 과감하게 버린다·

　문장을 요약할 때는 '어디에', '무엇이' 적혀 있는지 눈여겨봐야 합니다. 특히 미디어 기사에는 대부분 도입문이 있습니다. 도입문에 기사 전체를 요약한 경우도 많기 때문에 이를 잘 확인해야 합니다. 이 기사에서는 첫 번째 문단이 도입문의 역할을 하고 있습니다.

　지금부터 각각의 문단에서 말하고자 하는 핵심을 끄집어내 보겠습니다.

1. 아동서, 학습 참고서가 팔리고 있다.

2. (초반) 특히 만화나 일러스트를 활용한 '웃기는' 역사서가 인기다.
   (중반 이후) 예시 책 ①《동경대 교수가 알려 주는 재미있는 일본사》.

3. 예시 책 ①인《동경대 교수가 알려 주는 재미있는 일본사》는 왜 잘 팔리는가? (담당자의 말)

4. 예시 책 ②《네코네코 일본사》.

5. 예시 책 ②《네코네코 일본사》는 어떤 책인가? (담당자의 말)

6. 예시 책 ①과 ②는 둘 다 개그가 메인이고 책장을 넘길 때마다 웃음이 나오는 구성이다. 부모와 아이의 관계가 더 끈끈해지고 웃음 덕분에 면역력 증진도 기대할 수 있다.

이것이 대강의 핵심입니다. 그다음에는 요약할 글자 수에 맞게 채워 넣을 내용을 검토합니다. 다음은 약 200자로 요약한 것입니다.

신형 코로나 바이러스의 영향으로 초중고등학교가 임시 휴교하자 아이와 함께 서점을 찾는 부모가 늘어나 아동서, 학습 참고서가 잘 팔리고 있다. 특히 인기몰이 중인 것은 만화나 일러스트를 활용한 '웃기는' 역사서다. 이 책들은 개그가 메인이고 책장을 넘길 때마다 웃음이 나오는 구성이다. 아이와 함께 웃으면 관계도 끈끈해지고 면역력 증진도 기대할 수 있다. 그렇다면 외출하지 못해서 받는 스트레스도 극복할 수 있을 것이다.

실제 예시로 든 책의 이름은 전혀 들어가지 않았습니다. 구체적인 예시는 꼭 들어가지 않아도 되는 '가지'와 '잎'이기 때문입니다. 글자 수가 한정됐다면 가지와 잎을 버리는 게 원칙입니다.

그렇다면 글자 수를 500자로 늘리면 어떻게 될까요? 이번엔 반대로 가지와 잎을 부풀려야 하므로 구체적인 예시를 넣습니다.

신형 코로나 바이러스의 영향으로 초중고등학교가 임시 휴교하자 아이와 함께 서점을 찾는 부모가 늘어나 아동서, 학습 참고서가 잘 팔리고 있다. 특히 만화나 일러스트를 활용한 '웃기는' 역사서가 인기가 많다. 다이아몬드 출판사의 《동경대 교수가 알려 주는 재미있는 일본사》에는 '에도 막부를 만든 도쿠가와 이에야스는 사실 전쟁이 무서워서 똥을 쌌다'와 같은 웃긴 에피소드가 실렸다. 2월 28일의 판매액은 전일 대비 2배, 29일은 4배에 이르러 갑자기 2만 부의 중쇄가 결정됐다.

또한, 실업지일본사의 《네코네코 일본사》는 쇼토쿠 타이시, 오다 노부나가, 사카모토 료마가 귀여운 고양이로 그려진 시리즈 누계 100만 부의 인기 만화다. 2월 29일 판매액이 전전일의 6배다.

두 책 모두 개그가 메인으로 책장을 넘길 때마다 웃음이 나오는 구성이다. 아이와 함께 웃으며 결속이 깊어지고 면역력 증진도 기대할 수 있다. 그렇다면 외출하지 못해서 받는 스트레스도 극복할 수 있을 것이다.

　가운데 단락이 구체적인 예시를 추가한 부분입니다. 그중에서도 우선순위가 높은 정보를 골랐습니다. 3번과 5번에 나온 담당자의 말은 어떤 요약문에도 들어가지 않습니다. 정보의 우선순위가 낮기 때문입니다.

　만약 요약을 할 때 '모든 정보를 빠짐없이 가져와야 한다'고 생각한다면 그것은 큰 착각입니다. 요약은 '줄기→가지→잎'의 순서로 간추리는 것입니다.

　전문 기자가 쓴 기사는 줄기, 가지, 잎의 구분이 명확하기 때문에 요약하기 어려운 경우는 없을 것입니다. 하지만 비즈니스 현장에서는 요약을 못하는 사람의 정리되지 않은 글을 자주 보게 됩니다. 그럴 땐 천천히 글을 따라가면서, 때로는 상상력을 발휘해 행간을 보충하면서 줄기, 가지, 잎을 파악해 봅시다.

" 두 번 읽을 필요 없는
도표 정리법 "

도표는 정보를 알기 쉽게 나타내는 수단입니다. 도표로 나타낼 때도 요약력이 요구됩니다. 다음 문장을 살펴보겠습니다.

"소통 방법에는 크게 대면, 문장, 전화로 세 가지 방법이 있습니다. 이 중 말(구어)이 아닌 소통은 문장뿐입니다. 또한 상대방의 표정을 볼 수 있는 것은 대면뿐입니다."

어려운 내용이 담긴 문장은 아니지만 확인 차 다시 한번 읽은 사람도 있을 것입니다. 이처럼 단번에 이해하기 어려울 때 도표를 활용합니다.

　도표란 정보의 관계성을 그림이나 표로 나타낸 것을 말합니다. 보는 사람이 그 개요를 단번에 파악할 수 있으면 합격입니다. 도표로 나타내기 위해서는 요약 과정인 '정보 수집하기→정보 정리하기'를 확실히 하고 정보의 관계성을 올바르게 파악해야 합니다. 특히 '정보 정리하기'에서는 정보를 그룹으로 나눠서 관계성을 명확히 하는 작업을 빼놓을 수 없습니다.

- 말: 대면, 전화
- 글: 문장
- 표정이 보인다: 대면
- 표정이 보이지 않는다: 전화, 문장

이렇게 정리한 정보를 한눈에 보여 주는 표입니다.

	말(구어)	글(문어)
표정이 보인다	대면	
표정이 보이지 않는다	전화	문장

세 가지 소통 방법

표로 정리하자 문자 정보만 읽을 때보다 뇌에 부담이 적습니다. 물론 복잡하고 보기 어려운 도표는 보는 사람에게 스트레스를 줍니다. 애초에 '알기 쉽게 전달한다'는 도표의 본래 목적에도 어긋납니다. 도표를 만들 땐 '이해하기 쉽게 만든다'는 생각을 우선하면서 그림이나 표의 형상이나 색 사용 등에도 주의를 기울입시다.

" 듣자마자 이해되는
설명의 달인 되기 "

비즈니스 현장에서 뭔가를 설명할 때는 '논리', 즉 '이야기의 맥락'을 명확하게 짚어야 합니다. TV 요리 프로그램에서는 요리하는 순서를 알기 쉽게 설명해 주기 때문에 시청자가 똑같은 요리를 만들 수 있습니다. 이처럼 업무에서도 알기 쉽게 설명해야 하는 경우가 자주 있습니다. 이때 말에 논리가 있는지 없는지에 따라 '전달을 잘하는지' '전달을 못하는지'가 결정됩니다.

다음 페이지의 약도를 보고 출발지에서 도착지까지 가는 길을 설명해 보세요. 당신의 설명을 들은 사람이 길을 헤매지 않고 목표 지점에 도착할 수 있다면 그 설명문은 명확하다고 할 수 있습니다.

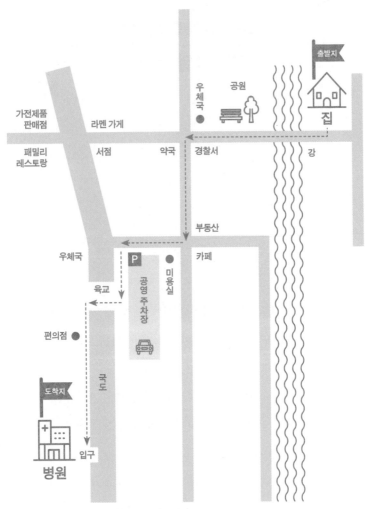

출발지(집)에서 도착지(병원)까지의 약도

·방향, 거리, 시간을 정확하게·

길을 알기 쉽게 설명하는 요령은 간단합니다. 바로 '너무 앞서가지 않는 것'입니다. A지점에서 B지점까지의 길 안내를 끝내면 다음은 B지점에서 C지점으로 가는 길을 안내하는 식으로 차근차근 확실하게 설명합니다.

'갈림길에 어떤 건물이 있는가?' 하고 생각하면 중요한 정보를 놓치지 않을 수 있습니다. 예를 들어 '우체국에서 꺾습니다'라고 설명한다면 상대방은 '어느 쪽으로 꺾어야 하지?' 하며 혼란에 빠질 것입니다. 이럴 때는 '우체국이 보이면 왼쪽으로 꺾습니다'라고 말해야 합니다. 어떤 상황이든 방향을 명확하게 짚어 주는 것이 좋습니다.

웬만큼 거리가 있을 때는 '약 300미터 직진해서' 혹은 '3분 정도 후에 고속도로가 보입니다'처럼 거리나 시간을 대략적으로 알려 주면 상대가 만족할 것입니다. '목적지까지 약 2킬로미터, 걸어서 15분 정도 걸립니다'라고 두 가지 정보를 다 알려 주는 것도 좋은 방법입니다.

다음은 설명문의 예시입니다.

"집을 나와서 오른쪽으로 갑니다. 강을 건너면 오른편에 공원을 두고 직진합니다. 공원 앞쪽, 오른편에 우체국이 있는 교차로에서 좌회

전합니다. 그대로 직진해서 이번에는 왼편에 부동산이 있는 교차로에서 우회전합니다. 왼편에 공영 주차장을 두고 직진해서 큰 국도로 나오면 좌회전 후에 곧바로 보이는 육교를 건넙니다. 편의점 쪽으로 직진하면 오른편에 목적지인 병원이 있습니다."

·아는 것도 짚어 주는 센스가 필요하다·

상대가 모르는 것만 적는다고 '좋은 설명문'이 될까요? 그렇게 생각하면 큰 착각입니다. 상대가 알고 있는 것도 한 번 더 적으면 읽는 사람이 정보를 쉽게 떠올릴 수 있습니다.

'그런 건 알려 주지 않아도 알겠지.'

설명을 잘하고 싶다면 이런 무른 태도를 버려야 합니다. 사람은 실수하는 생물입니다. 따라서 세세한 것까지 충분히 주의를 기울일 필요가 있습니다. 상대방의 입장에 서서 구체적으로 전달하는 태도가 중요합니다.

설명문을 쓰기 전에 한번 소리를 내서 길을 설명해 보는 것도 좋은 방법입니다. 말이 초고가 되면서 더 쉽게 설명할 수 있습니다. 글로 쓰기 전에 말로 설명해 보는 방법은 어떤 문장을 작성할 때나 효과적입니다. 말로 설명하면 자신이 이 정보를 얼마나 이해하고 있는지를 확인할 수 있을 뿐만 아니라 전달의 큰 구성도 만들기 쉬워집니다.

길을 설명하는 연습 외에도 몇 가지 설명문 작성 연습이 있습니다. 다음은 연습의 예시입니다. 각각 도전해 봅시다.

- 방의 구조를 문장으로 설명하기
- 요리 순서를 문장으로 설명하기
- 스마트폰에서 사진을 한 장 골라서 설명하기

각각의 설명문을 읽은 사람이 방의 구조를 정확하게 상상할 수 있고, 그 요리를 확실히 만들 수 있고, 사진을 상상할 수 있다면 당신의 설명은 합격입니다. 게임을 하듯이 도전해 보세요.

비슷한 것끼리 묶어서
'추상도'를 높여라

정보를 전달할 때 종종 추상도를 높여야 하는 경우가 있습니다. 다음은 당신의 친구가 슈퍼마켓에 간 이야기입니다.

"오늘 슈퍼마켓에서 전골에 넣을 대파, 배추, 당근, 표고버섯, 새송이 버섯을 샀어."

당신이 친구의 이야기를 다른 사람에게 전달해야 한다면 어떻게 설명하겠습니까? 만약 대파, 배추, 당근은 '채소'로 묶고 표고버섯, 새송이버섯은 '전골 재료'로 묶을 수 있다면 이렇게 추상화할 수 있습니다.

"친구가 오늘 슈퍼마켓에서 전골에 넣을 채소와 버섯을 샀습니다."

여기서 추상화를 심화하면 이런 문장이 될 것입니다.

"친구가 오늘 슈퍼마켓에서 전골 재료를 샀습니다."

· 중복되는 정보는 하나로 묶기 ·

또 다른 예시를 들어 보겠습니다. 다음은 부하가 상사에게 오늘 한 업무를 보고하는 상황입니다.

"오늘은 스폰서들에게 연락을 했습니다. 전화로 A사 담당자에게 원격 프로젝트 변경 사항을 설명했고, B사 담당자와의 온라인 미팅에서도 마찬가지로 원격 프로젝트의 변경 사항을 설명했습니다. 그 후 D사의 창고에 가서 상품 Z5 케이스를 납품한 후 C사에 가서 담당자에게 원격 프로젝트를 설명했습니다."

정보는 모두 들어 있지만 너무 '구체적'이라서 장황하게 느껴집니다. 상사가 구체적인 보고를 원하는 타입이라면 모를까, 간결한 보고를 원하는 상사라면 쓸데없는 내용이 너무 많아서 지루하다고 느낄 것입니다. 다음은 불필요한 내용을 생략한 보고입니다.

"오늘은 스폰서 3사의 담당자에게 각각 원격 프로젝트의 변경 사항을 설명했습니다. 그리고 나서 D사의 창고에 상품 Z5 케이스를 납품하고 왔습니다."

A사, B사, C사를 '스폰서 3사'로 정리했습니다. 또한 세 번이나 등장하는 '원격 프로젝트'와 '담당자'는 한 번으로 정리했습니다. 말의 양이 반으로 줄었지만 훨씬 이해하기 쉬워졌습니다.

물론 추상도를 얼마나 높일 것인지는 상대의 니즈에 따라 결정됩니다. 지루해지지 않는 데 너무 주의를 기울인 나머지 '오늘 한 일도 순조로웠습니다'라고 말해 버리면 어떨까요? 상사에게 '더 구체적으로 보고하라'는 핀잔을 듣기 십상입니다. 추상 정보와 구체 정보를 오가면서 절묘한 타협점을 찾아보세요.

전달을 잘하는 사람은
비유도 잘한다

요약을 잘하는 대부분의 사람은 비유의 달인입니다. 예를 들어 '그것은 무모한 도전이다'라고 말했는데 상대방이 잘 납득하지 못했을 때 다음과 같은 비유를 들면 어떨까요?

"반바지를 입고 슬리퍼를 신은 채 등산을 하는 것과 같다."

'무모'라는 말을 사용하지 않아도 그 의미가 와닿습니다. 이처럼 논리적으로 잘 전달되지 않을 때 비유를 사용하면 머릿속에 이미지로 떠오르기 때문에 전달이 쉬워집니다. 비유도 하나의 '정보 요약'입니다.

'뭔가 부족하다'는 말을 하고 싶을 때는 어떤 비유를 들 수 있을까요? 다음처럼 말하면 '부족하다'는 감각이 바로 느껴질 것입니다.

"간장을 뿌리지 않고 먹는 차가운 두부 같네요."

'배우와 소속사는 서로 보완하는 관계입니다'라는 표현은 알 듯 말 듯 미묘합니다. 다음과 같은 비유를 사용하면 '아하, 그런 관계구나' 하고 훨씬 이해하기 쉬워질 것입니다.

"배우와 소속사의 관계는 '드라이버와 못'과 비슷합니다. 하나만으로는 아무런 역할을 하지 못하죠. 드라이버는 못이, 못은 드라이버가 필요합니다."

· 좋은 비유를 만드는 세 가지 조건 ·

다음은 좋은 비유를 만들 때 필요한 세 가지 조건입니다.

① 본래의 상황과 '본질'이 같은 예시를 찾는다.
② 그 예시는 상대가 알고 있는 것이어야 한다.

③ 그 예시는 그림이나 영상처럼 이미지화할 수 있는 것이 좋다.

예를 들어 설명하겠습니다. 당신이 상사에게 '특가 캠페인을 1년에 몇 번씩이나 하면 고객들이 질려 버립니다'라고 주장하고 싶지만 상사가 이를 받아들일 것 같지 않습니다. 이럴 때 상사를 설득할 수 있는 비유를 찾아야 합니다.

'특가 캠페인을 1년에 몇 번씩이나 하면 고객들이 질려 버린다'는 의견의 본질은 '너무 많이 하면 질린다'입니다. 먼저 너무 많이 하면 질리는 것에는 무엇이 있을지 생각합니다. 가령 '축제'는 어떨까요? 축제가 매달 열리면 특별함이나 감사함을 느끼지 못합니다. 그리고 축제는 누구나 알고 있는 상황입니다. 장면을 머릿속에 떠올릴 수도 있죠. 좋은 예시를 만드는 세 가지 조건을 만족합니다.

"축제가 특별하게 느껴지는 이유는 1년에 한 번뿐이기 때문입니다. 특가 캠페인도 축제와 같습니다. 1년에 몇 번씩이나 하면 고객들이 질려 버릴 것입니다."

어떤가요? 알기 쉬울 뿐만 아니라 설득력도 느껴지지 않나요? 이 세 가지에 맞는 예시를 빠르고 정확하게 찾으려면 평소에 적극적으로 예시를 활용하는 게 좋습니다.

실패가 두렵더라도 시행착오를 거듭하면서 비유의 달인이 돼 봅시다. 마지막으로 다음의 내용을 각각 여러분 나름대로 비유해 봅시다.

- 쓸모없는 것
- 시대착오적인 상태
- 그 자리에 어울리지 않는 것
- 독선적인 상태
- 엉뚱한 생각

정보를 왜곡하는
말버릇을 찾아라

어미에는 전달하는 사람의 의도나 생각이 진하게 반영됩니다. 어미를 선택하는 방식에 주의를 기울일 수 있다면 정보를 정확하게 전달할 수 있는 사람이라고 할 수 있습니다. 가령 '주가 하락의 영향입니다'라고 전달하는 것과 '주가 하락의 영향일지도 모릅니다'라고 전달하는 것에는 의미상으로 큰 차이가 있습니다. 전자인 '~입니다'는 단정적인 표현이지만, 후자인 '~일지도 모릅니다'는 가능성을 나타내는 데 그친 표현입니다.

다음은 어미의 예시입니다. 당신이 전달하려는 정보는 어떤 어미를 사용해야 올바르게 전달할 수 있나요?

- 주가의 영향입니다. (단정)

- 주가의 영향이라고밖에 할 수 없습니다. (단정, 강조)

- 주가의 영향 그 자체입니다. (단정, 강조)

- 주가의 영향이 아닐까요? (확인을 내포한 추측)

- 주가의 영향일지도 모릅니다. (가능성)

- 주가의 영향일 것입니다. (추측)

- 주가의 영향이라고 할 수 있을 것 같습니다. (추측)

- 주가의 영향이 틀림없습니다. (확신에 찬 추측)

- 주가의 영향인 것 같습니다. (체험에 기반한 추측)

- 주가의 영향이라고 합니다. (전언에 의한 추측)

- 주가의 영향이라고 생각됩니다. (객관을 중시한 추측)

- 주가의 영향이라고 생각합니다. (주관을 중시한 추측)

- 주가의 영향이라고 생각할 수 있습니다. (추론)

- 주가의 영향이라고들 합니다. (전문)

- 주가의 영향이라고 말할 수 있습니다. (전달하는 사람의 소견)

- 주가의 영향처럼 느껴집니다. (근거가 약한 견해)

- 주가가 영향을 미치지 않았을 리 없습니다. (부정×부정=강한 긍정)

- 주가의 영향 때문입니다. (원인, 이유의 제시)

· 애매한 말버릇이 정보를 왜곡한다 ·

어미를 적절하게 사용하기 위해서는 전달하려는 정보를 단정할 수 있는지, 추측하는 수준인지, 개인적인 판단인지 등을 파악해야 합니다. 실제로는 그럴 가능성이 낮은데도 "주가의 영향입니다"라고 단정하거나, 혹은 확실히 단정해야 하는 상황에서 "주가의 영향처럼 느껴집니다"라고 말하면 의미가 잘못 전달됩니다.

당신이 평소에 단정만 하는 사람(강경한 타입)이거나 반대로 단정을 피하는 사람(소극적인 타입)이라면 주의가 필요합니다. 이런 버릇 때문에 정보가 왜곡될 위험이 있습니다. 어느 쪽이든 이기적인 습관이며 결코 성실하다고 할 수 없습니다.

말끝마다 특유의 버릇이 있는 사람은 스스로를 되돌아볼 필요가 있습니다. 터무니없이 단정만 하는 사람은 관찰력이나 분석력이 부족할 수 있습니다. 이들은 단정하는 표현을 써서라도 '일을 잘하는 사람'으로 평가받고 싶은 걸지도 모릅니다.

반대로 완곡한 표현만 하는 사람에게는 '일을 책임지고 싶지 않다'는 마음이 숨어 있을지도 모릅니다. 말, 특히 어미에는 그 사람의 태도가 반영되기 쉽습니다. 어미를 적절하게 사용하기 위해서는 먼저 자신의 마음부터 정리해야 합니다.

말할 것도 없지만 요약력의 첫 번째 단계인 '정보 수집'에서는 정보 원이 하는 말과 쓰는 문장의 어미에 주의를 기울여야 합니다. 누군가 가 추측으로 이야기한 정보를 단정하는 말투로 전달한다면 그 시점에 서 정보는 변질됩니다.

비즈니스 현장에서는 '그렇게 말할 수밖에 없었다'처럼 말의 이면에 어떤 의혹이나 사정이 숨어 있는 경우도 종종 있습니다. '립 서비스(겉치 레 말)'나 '포지션 토크(자신에게 유리한 발언)'도 마찬가지입니다. 개중에는 '미 스 리드(오해하게 만드는 일)'를 목적으로 일부러 정보를 조작하는 사람도 있 습니다.

상대방의 입장과 비언어 정보에 유의하면서 말의 이면에 숨은 정보 를 파악하면 요약의 질을 높이는 동시에 악의를 품은 사람을 걸러 낼 수 있습니다.

나의 말하기를
객관적으로 파악하는 법

축구 선수는 자신의 경기 모습을 영상으로 꼭 확인합니다. 자신의 움직임을 객관적으로 보기 위해서는 영상으로 확인하는 방법밖에 없기 때문입니다. 이처럼 스포츠의 세계에서는 자신을 객관적으로 보는 일이 당연하지만 일상생활에서 자신을 객관적으로 보려는 사람은 많지 않습니다.

말을 잘하는 사람이 되고 싶다면 자신의 전달 방식을 객관적으로 바라봐야 합니다. 이때 추천하는 방법은 '자신의 이야기를 녹음해서 듣기'입니다. 스마트폰의 녹음 애플리케이션으로 충분합니다. 회의를 할 때, 영업이나 발표를 할 때 자신이 어떤 식으로 말하는지를 직접 듣는

다면 부족한 점과 개선해야 할 점을 확실히 알게 됩니다.

[나의 생각] 핵심만 전달하고 있다.

[녹음 파일을 듣고] 이야기가 어수선하고 무엇을 전달하려는지 모르겠다.

[나의 생각] '줄기→가지→잎'의 순서로 말한다.

[녹음 파일을 듣고] '줄기→가지→잎'의 순서로 말하지 않는다.

[나의 생각] 말할 때 특별한 버릇이 없다.

[녹음 파일을 듣고] '음'이나 '뭐'가 자주 등장한다. '요약하자면'을 남용한다.

[나의 생각] 목소리 톤이 밝고 유려하며 듣기 좋다.

[녹음 파일을 듣고] 어미가 어둡고 약하다. 유려하지 않고 단어가 잘 안 들린다.

[나의 생각] 듣는 사람과 대화의 캐치볼을 하고 있다.

[녹음 파일을 듣고] 일방적으로 자신이 하고 싶은 이야기만 하고 있다.

[나의 생각] 한마디로 가능한 한 짧게 말한다.

[녹음 파일을 듣고] 한마디가 너무 길어질 때가 있다.

[나의 생각] 어려운 전문 용어는 쓰지 않는다.

[녹음 파일을 듣고] 때때로 어려운 전문 용어를 남발한다.

· 약점을 개선하는 PDCA 기법 ·

만약 녹음 파일을 듣고 자신이 '너무 천천히 말한다'는 사실을 깨달 았다면 다음부터는 조금 빠르게 말하려고 노력하고, 말하기 전에 '뭐' 를 붙이는 횟수가 많다는 사실을 깨달았다면 의식적으로 '뭐'라고 말 하는 횟수를 줄입니다. 외래어를 남용하고 있다면 가능한 한 평이하 고 알기 쉬운 말을 사용하도록 노력합니다.

자신의 전달 방식을 객관적으로 보지 않으면 늘 같은 문제를 반복하 게 됩니다. 하지만 녹음 파일을 듣고 나의 문제점을 깨달으면 다음부 터는 전달 방식을 수정하고 개선할 수 있습니다. 이를 'PDCA'라고 합 니다. PDCA는 다음 네 단계를 순환하면서 업무나 작업 과정을 계속 해서 개선하고 질과 정밀도를 높여 나가는 방법입니다.

- Plan(계획)→Do(실행)→Check(평가)→Action(개선)

이 방법을 전달 방식에도 그대로 응용할 수 있습니다. 내가 가진 전달 방식의 약점을 그때그때 개선하면서 말하고 쓰는 방식을 갈고닦는 것입니다. 이때 자신의 모습을 영상으로 담을 수 있다면 가장 좋습니다. 영상은 목소리뿐만 아니라 옷차림, 행동, 표정, 몸짓 등까지 확인할 수 있기 때문입니다. 나아가 이야기를 듣는 사람의 모습까지 볼 수 있다면 그때그때의 반응을 확인할 수 있겠죠.

특히 사람들 앞에서 말할 기회가 많은 사람이라면 자신의 목소리를 녹음하거나 모습을 녹화해서 PDCA를 적극적으로 활용해 보길 바랍니다. 전달하는 능력을 확실하게 기를 수 있을 것입니다.

> # SNS로 140자 글쓰기를
> # 연습하라

요약 과정을 알게 된 당신에게는 앞으로 들여야 할 습관이 있습니다. 바로 '무엇이든 요약하는 훈련'입니다. 일뿐만 아니라 일상생활에서 접하는 다양한 정보들을 요약합니다. 다음은 요약의 예시입니다.

- 책, 잡지, 만화를 읽고 요약한다.
- 영화, 드라마, 애니메이션, 미술 작품, 무대 작품을 감상하고 요약한다.
- 세미나, 연수, 레슨이 끝나고 요약한다.
- 음식점에 들어가면 주문을 요약한다.

- 뉴스 기사를 요약한다.
- 오늘 만난 A씨의 인상을 요약한다.
- 오늘 하루 업무를 요약한다.
- 오늘 일어난 좋은 사건을 요약한다.

특히 추천하고 싶은 활동은 트위터를 비롯한 SNS에 글을 남기는 것입니다. 트위터는 한 게시물당 최대 140자까지 작성할 수 있습니다. 이는 요약 훈련을 하기에 안성맞춤입니다. 하고 싶은 말을 140자로 전달하려면 '죽어도 꼭 말해야 하는 것'과 약간의 설명 정도밖에 쓸 수 없기 때문이죠.

· SNS에 글을 쓸 때도 90퍼센트를 버린다 ·

140자 글쓰기를 시작하면 당신이 원하든 원하지 않든 이 책에서 다룬 요약의 모든 과정을 체험하게 됩니다. 즉, 정보를 모으고, 모은 정보를 그룹으로 묶고, 우선순위를 정한 후 죽어도 꼭 말해야 하는 것을 결정할 수 있습니다.

예를 들어 오늘 본 드라마를 요약한다면 1시간짜리 드라마에서 핵심이나 인상적인 포인트를 추려야 하는데, 이를 트위터에 남긴다면 정보의 90퍼센트를 버리는 연습을 쉽게 할 수 있습니다. 게다가 글로 기록하기 때문에 기억에도 오래 남습니다. 이 기억들은 판단의 재료가 되고 다른 정보를 요약할 때도 도움이 됩니다. 익숙해지면 140자를 쓰는 속도도 빨라집니다. 요약하는 능력이 향상된 것입니다.

글뿐만 아니라 다른 사람에게 말하는 연습도 적극적으로 해 봅시다. 예를 들어 집에 돌아오면 가족들에게 오늘 점심에 먹은 음식, 오늘 처음 만난 사람, 오늘 처음 경험한 것을 요약해서 말하는 것입니다. 'SNS 글쓰기'와 '누군가에게 말하기' 둘 다 내키지 않는다면 노트나 수첩, 스마트폰의 메모 애플리케이션을 이용해도 좋습니다.

당신이 요약하는 방법을 알고 있어도 실제로 연습하지 않는다면 보물을 갖고도 썩히는 꼴입니다. '무엇이든 요약하는 훈련'을 습관처럼 반복하세요. 여러분의 요약력이 눈에 띄게 달라질 것입니다.

• 말과 행동에서 에너지가 드러난다

영업 사원의 마음속에 상품을 향한 애정이 없다면, 혹은 영업하는 일에 열정을 느끼지 않는다면 어떨까요? 전달할 때의 에너지가 떨어질 것입니다. 상대방에게 애정이 없는 경우도 마찬가지입니다. 말하는 사람이 에너지가 없다면 듣는 사람도 흥미를 느낄 수 없습니다. '애정'과 '열정'은 있는 그대로 전달되기 때문입니다.

진심 어린 애정이 있다면 말과 행동에서 그 마음이 전부 드러나고 상대방에게 강한 인상을 남깁니다. 더 나아가 상대방이 상품을 '갖고 싶다'고 생각할 확률도 높아집니다.

말하려는 내용에 대한 '애정', 전달 대상에 대한 '애정', 그리고 상대방에게 그것을 전달하고 싶다는 '열정'은 우리가 생각하는 것 이상으로 사람의 마음을 움직입니다. 애정과 열정이 없는 사람은 당연히 그 마음을 들키게 됩니다. 이는 잔재주로 속일 수 없기 때문입니다.

그럼 마지막으로 여러분에게 세 가지 질문을 던지겠습니다.

• 자신이 전달하는 이야기에 '애정'이 있는가?

- 전달하려는 대상에게 '애정'이 있는가?
- 상대에게 그것을 전달하는 일에 '열정'이 있는가?

'정보 수집→정보 정리→정보 전달'의 과정을 충분히 밟았음에도 이야기가 잘 전달되지 않는다면 그 원인은 '부족한 에너지'에 있습니다. 그 순간 당신의 '애정'과 '열정'에 주목해 보기 바랍니다.

당신의 애정은 어디에 있나요? 당신의 열정은 어디에 있나요? 스스로를 속이지 말고 계속해서 자신의 내면에 주목하면 반드시 답을 얻을 것입니다. 에너지가 높은 상태에서 요약하는 능력을 발휘하면 당신의 전달력은 극대화됩니다. 그럼 당신의 말이 모든 사람에게 제대로 전달되고 그들의 마음을 울릴 것입니다.

|

내 삶에 꼭 필요한 것만
남기기 위하여

왜 이 시대에 '요약력'이 필요할까요? 그 이유는 당신이 의식적으로든 무의식적으로든 느끼고 있는 그대로입니다. 시대의 흐름은 점점 빨라지고 있습니다. '10년이면 강산도 바뀐다'는 말은 이제 '1년이면 강산도 바뀐다'가 돼도 이상하지 않고, 1년 전의 '상식'이 1년 후에 '비상식'이 되는 것 역시 이상하지 않습니다.

속도뿐만이 아닙니다. 일의 방식도, 가치관도, 라이프 스타일도 극적으로 바뀌고 있습니다. 다양성의 가지는 무서운 기세로 뻗어 나가고 있으며 미래는 불투명하고 그 투과율은 점점 높아지고 있죠.

오늘날의 초정보화사회는 좋은 것과 나쁜 것을 구분하지 못할 정도로 다양한 정보로 넘쳐 납니다. 무방비한 상태로 있다간 거대한 정보의 소용돌이에 휘말려 순식간에 자기 자신을 잃어버릴지도 모릅니다. 우리는 빠르고 간결하게 정보를 판단하고 전달해야 하는 시대에 살고 있습니다. 그래서 요약력이 필요한 것입니다.

중요한 것은 '요약하고 있는 상태'를 스스로 깨닫는 것입니다. 주위의 정보나 환경, 혹은 누군가의 노예가 돼서는 안 됩니다. 늘 주체적으로 정보와 마주하고 나에게 필요한 것만 골라내는 안목이 필요합니다. 결국 '요약력을 강화하자'는 말에는 '주체적으로 살자'는 뜻이 숨어 있습니다.

급변하는 시대의 흐름을 따라가려면 최신 정보에 귀 기울일 필요가 있습니다. 진부하고 경직된 정보에만 집착하면 적절하게 판단할 수 없습니다. 물론 시대를 초월하는 '본질'을 놓쳐서도 안 되겠죠. 본질은 우리의 일과 인생에 큰 시사점과 이점을 가져다줍니다.

이 책을 다 읽은 당신이라면 안심해도 좋습니다. 당신은 요약하는 능력이 주는 이점이 무엇인지 알고, 어떻게 요약력을 기를 수 있는지 충분히 이해했을 테니까요. 이제는 자신의 미래를 위해 요약력을 활용할 차례입니다. 앞으로 사회가 어떻게 바뀌든 핵심을 꿰뚫어 보는 능력만 있다면 현명하고 씩씩하게 살아갈 수 있습니다.

요약력은 당신의 업무 능력을 극대화하고 당신이 속한 조직과 주변 사람에게 긍정적인 영향력을 미칠 것입니다. 핵심만 말할 수 있는 당신은 어디에나 꼭 필요한 사람이 되고 당신 곁에 사람, 물건, 정보, 돈 등의 자원이 자연스럽게 모일 것입니다. 주위 사람들은 당신을 좋게 평가하고 호의를 느끼며 의지할 것입니다. 그렇습니다. 요약력은 인생을 크게 바꾸는 성공 도구입니다. 당신은 그 도구를 손에 넣었습니다.

이 책을 쓰며 기획 단계부터 발행에 이르기까지 출판사 편집부, 영업부 여러분에게 큰 신세를 졌습니다. 지면을 빌려 감사 인사를 전합니다. 또한, 코로나 쇼크에도 집안을 밝고 즐거운 에너지로 채워 준 아내와 딸에게도 감사합니다.

마지막으로 이 책을 읽은 당신에게.

당신은 이 책에서 얻은 정보를 어떻게 요약하고, 앞으로의 일과 인생에 어떻게 적용하겠습니까? 꼭 생각해 보길 바랍니다.

당신의 인생이 더 멋지게 변화하기를 진심으로 기원합니다.

야마구치 다쿠로